Marmorieren

Marion Weber

Marmorieren

Stoffe, Wachs, Keramik und Papier

Mit Ideen für den Kerzenstift

Ravensburger Ratgeber
im Urania Verlag

Die Kunst des Marmorierens kann auf eine jahrhundertealte Tradition zurückblicken. Erste Papiere wurden in Japan und China hergestellt; später erlebten Marmorpapiere in der Türkei und Persien ihre Blütezeit. In erster Linie wurden sie für amtliche Dokumente verwendet, da sie durch ihre Einmaligkeit weitgehend fälschungssicher waren. In Europa wurde die Marmorierkunst hingegen erst zu Beginn des 17. Jahrhunderts bekannt. Buntpapierhersteller und Buchbinder übernahmen die Technik und gestalteten Bucheinbände, Briefpapier, Rückseiten von Spielkarten, Schrankpapiere, Alben und Schächtelchen aus Pappe.

Bei der traditionellen Marmorierkunst wird Farbe auf die Oberfläche einer gallertartigen Lösung – den so genannten Grund – aufgetropft, mit Kamm und Stöckchen verzogen und durch Auflegen auf Papier, Stoff, Wachs oder andere Materialien übertragen. Die früher sehr schwierige Technik ist inzwischen durch neue Farben und Hilfsmittel wesentlich einfacher zu handhaben.

Darüber hinaus erhalten Sie im Bastelfachhandel Farben, mit denen Sie ohne großen Aufwand Gegenstände verschiedenster Art auf Wasser marmorieren können – seien es nun Ostereier, Weihnachtskugeln oder Porzellandosen.

Neben den klassischen Techniken zeige ich Ihnen auch, wie Sie mit der speziellen Marmormalerei Kerzen, Gartenkugeln, Schmuck und vieles mehr im unverwechselbaren Design gestalten können.

Für die traditionelle Marmoriertechniken verwende ich Farben auf Wasserbasis, auf Wasser arbeite ich hingegen mit terpentinhaltigen beziehungsweise Lackfarben. Für die Marmormalerei bieten sich Acrylfarben, Window Color oder aber der Kerzenstift an.

Alles in allem finden Sie in diesem Buch schnelle und einfache Techniken für jede Altersgruppe. Selbstverständlich handelt es sich bei den hier vorgestellten Arbeiten und Farbzusammenstellungen lediglich um Vorschläge – nicht zuletzt, da ein jede Marmorierung einmalig und unwiederholbar bleibt. Entdecken Sie, wie viel Spaß es macht zu experimentieren! Je spontaner und neugieriger Sie an die jeweilige Technik herangehen, desto kreativer werden Sie sein. Und Sie werden sehen: Mit etwas Übung gelingen auch dem Anfänger faszinierende Muster, die keineswegs einen „laienhaften" Eindruck hinterlassen.

Viel Freude beim Marmorieren
wünscht Ihnen

Ihre
Marion Weber

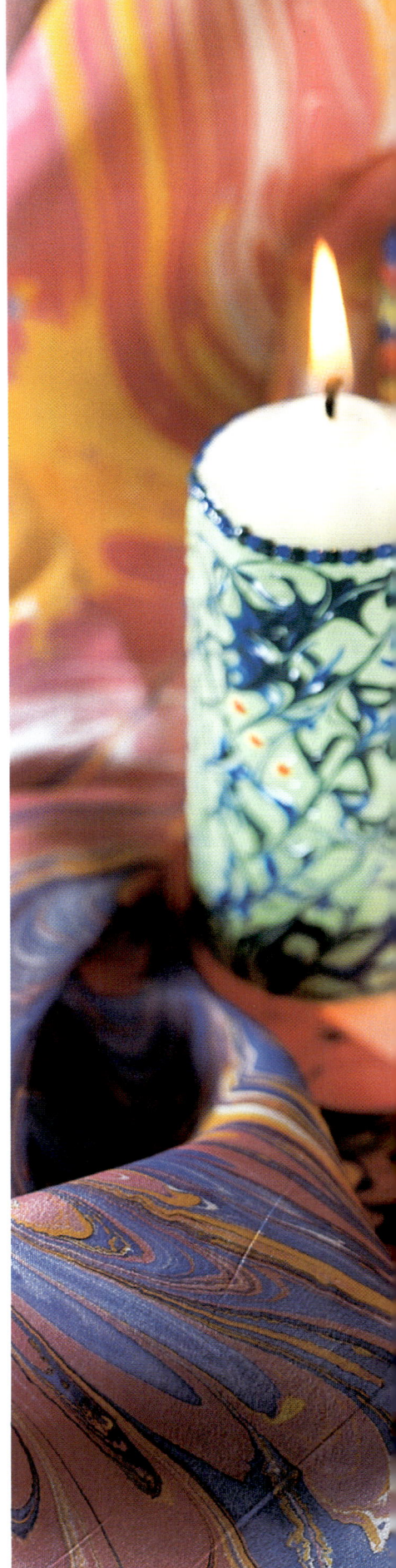

Werkzeug und Material

Marmorierwanne

Zum Marmorieren eignet sich jedes flache Gefäß, z. B. eine Fotoschale, ein tiefes Backblech, ausgelegt mit weißem Papier und Folie, Haushaltsschalen usw. Auch Seidenmalrahmen auf einer festen Unterlage liegend und mit dicker Folie ausgekleidet, lassen sich auf jede Größe des zu marmorierenden Materials einstellen. Bitte beachten Sie, dass sowohl Länge als auch Breite der Wanne 2 cm mehr betragen müssen als das zu marmorierende Objekt.

Marmoriergrund

Marmoriergrund gibt es in unterschiedlichen Qualitäten. Gut geeignet ist das braune, im Wasser aufzulösende Alginat-Pulver. Diese spezielle Kleisterform zum Marmorieren erhalten Sie im Bastelfachgeschäft. Eine preiswerte Alternative ist Tapetenkleister. Folgen Sie hierbei den Herstellerangaben auf der Packung und wählen Sie das Mischverhältnis für „leichte" Tapeten.

Wasserenthärter

Ohne Enthärter kann der Grund beim Auftropfen der Farben gelieren. Geeignet sind Enthärter zum Entkalken von Haushaltsgeräten. Nicht geeignet sind hingegen Waschpulverzusätze. Diese können Weichspüler ent-

halten, der die Marmoriergrundoberfläche entspannt; d.h. die aufgetropften Farben sinken ab, da die Oberfläche sie nicht ausreichend fest hält.

Aluminiumsulfat

Aluminiumsulfat ist ein Beizmittel zum Präparieren von Papier, wenn mit Wasserfarben auf Kleister marmoriert wird. Sie erhalten es in Drogerien, Apotheken und im gut sortierten Bastelfachhandel (siehe „Marmorieren mit Papier", Seite 33).

Farben

Für den Hobbybereich wurden spezielle Marmorierfarben entwickelt, die einfach zu handhaben sind. Für feine Muster eignen sich generell Marmorierfarben auf Wasserbasis. Sie können sowohl für Stoff als auch für Papier benutzt werden – mithilfe von Wachslack oder Kerzenmalmedium sogar für Kerzen. Auch Holz können Sie mit diesen Farben marmorieren.

Auf dem Marmoriergrund vermischen sich die Farben nicht mehr, sondern stoßen sich gegenseitig ab oder bilden Kreise. Möchten Sie Farben mischen, so muss dies vor dem Auftropfen geschehen.

Schütteln Sie die Farben vor Gebrauch, da sich die Farbpigmente bei längerem Stehen der Flaschen absetzen.

Aufbringen der Farben

Mit Tropfflaschen, Pipetten, Na-

Tipp

- Möchten Sie ausgeblasene, gereinigte Hühnereier mit Farben auf Wasserbasis marmorieren, müssen diese vorher gebeizt werden.
- Kunststoffkugeln- und Eier können Sie zweimal mit Wachslack einstreichen und im Anschluss mit Farben auf Wasserbasis marmorieren.

delköpfen, Pinseln oder Zahnbürsten können je nach gewünschtem Muster die Farben aufgebracht werden.

Musterwerkzeuge

Zum Verziehen der Farben werden Holzstäbchen, Nadeln und Kämme benutzt.

Außerdem benötigen Sie:

- Malerfolie (80 my) zum Auskleiden der Marmorierwannen
- Reißzwecken zum Befestigen der Folie am Holzrahmen
- Eimer und Schneebesen zum Anrühren und Messbecher zum Abmessen des Marmoriergrundes
- Leere Tropfflaschen zum Umfüllen und eventuellen Mischen der Farben
- Flaschenverschlüsse und Untersetzer als Malpalette
- Brettchen im Format des zu marmorierenden Papiers als Hilfsmittel beim Abschwenken

des überschüssigen Marmoriergrundes

- Wäscheständer mit Auffangbecken (z. B. Badewanne, Dusche, Holzrahmen mit ausgelegter Folie) zum Trocknen von Stoffen und Papier
- Zeitungspapier zum Entfernen der nicht gewünschten Farbreste und als Unterlage für trocknende Papiere
- Wachslack und Kerzenmalmedium zum Marmorieren von Kerzen

- Bügeleisen zum Fixieren von Stoffen und zum Glätten von Papier
- Draht zum Aufspießen und Handschuhe zum Marmorieren von Kerzen
- In der Nähe des Arbeitsplatzes sollte sich stets ein Wasseranschluss befinden.

Fürs Marmorieren geeignete Materialien

- Gut saugende Papiere (Tonzeichenpapier, Schreibpapier, Fotokopierpapier, helle Pack- oder Recyclingpapiere, Raufasertapete)
- Alle Stoffe, die sich heiß bügeln lassen: Seidensorten ab Stärke 8, vorgewaschene Baumwollstoffe und Leinen.
- Entsprechend vorbehandelte Kerzen (s. S. 30), andere saugende Gegenstände wie Holz, Leder, Terrakotta.

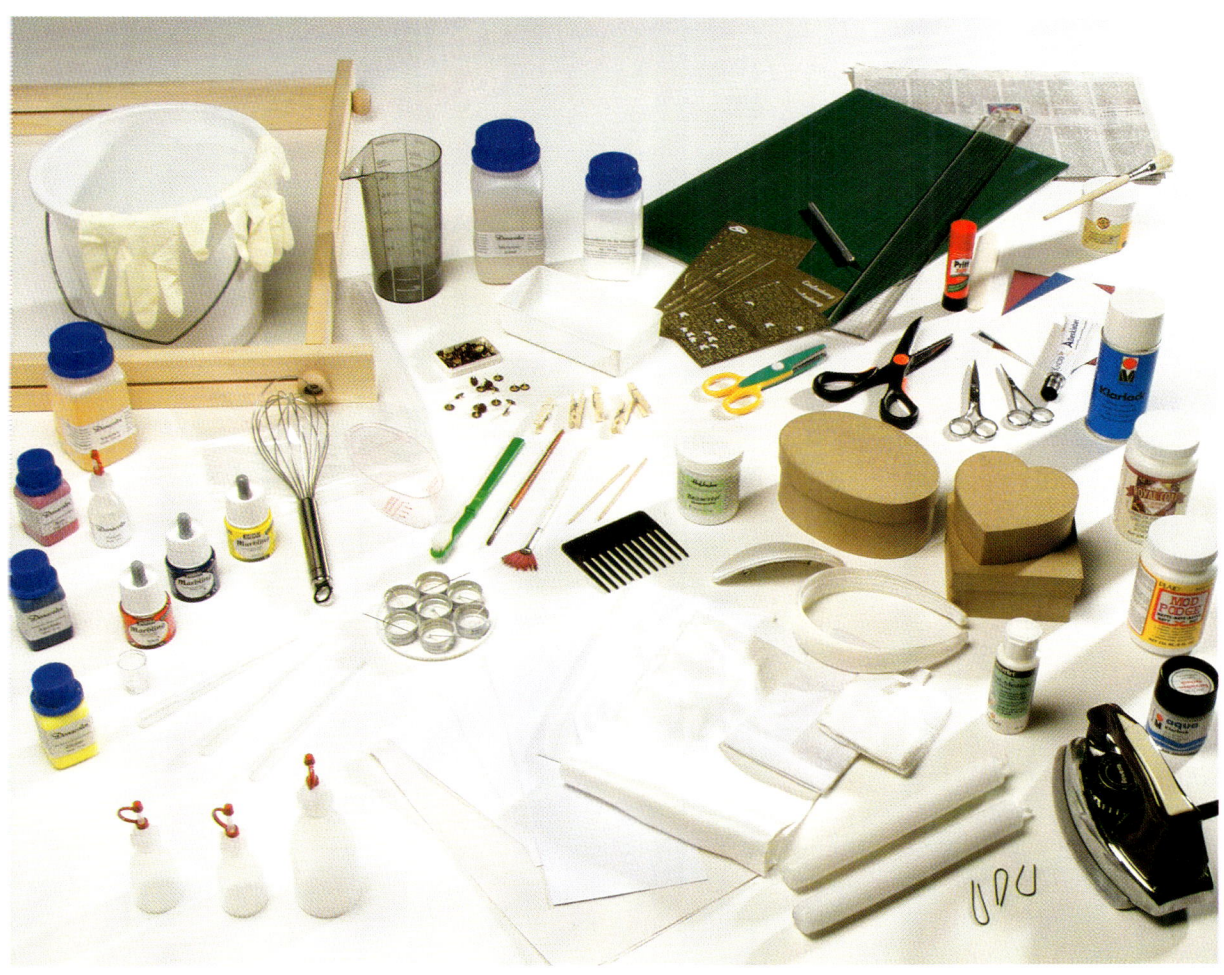

So wird's gemacht

Als Erstes rühren Sie den in Pulverform angebotenen Marmoriergrund in Wasser an und lassen ihn quellen. Für das Mischverhältnis folgen Sie den Herstellerangaben auf der Verpackung.

Möchten Sie mit Kleister marmorieren, lassen Sie den angerührten Grund so lange stehen, bis er ganz klar aussieht und einem „Wackelpudding" ähnelt. Sieht der Kleister hingegen aus wie Grießbrei, gibt es keine gleichmäßigen Verzüge und das Farbmuster kann reißen. In diesem Falle verlaufen die Farbkanten nicht ganz glatt, sondern sehen ausgefranst aus.

Die besten Ergebnisse erzielen Sie mit dem braunen Alginat-Pulver. Dieses ist allerdings nicht unbegrenzt haltbar. Meiner Erfahrung nach hält es dunkel und kühl aufbewahrt ca. eine Woche lang. Mit der Zeit wird es immer flüssiger, wodurch die Farben sehr stark verschwimmen und sich nicht mehr verziehen lassen. Rühren Sie deshalb nur so viel Grund an, wie Sie kurzfristig benötigen.

Ermitteln Sie zunächst die benötigte Litermenge für Ihre Marmorierwanne. Letztere sollte einige Zentimeter größer sein als die Tücher oder Papiere, die Sie marmorieren möchten. Die Höhe des Marmoriergrundes sollte zu Beginn ca. 1,5 – 2 cm betragen.

Beispiel für die Ermittlung der benötigten Menge an Marmoriergrund
Für eine Wanne von 10 x 10 x 1 cm brauchen Sie 100 ml, für eine Wanne von 100 x 100 x 1 cm entsprechend 10 Liter.

Demnach benötigt also ein DIN A4 Papier eine 25 x 35 cm Wanne mit ca. 1,5 Liter Grund; ein 90 x 90 cm Tuch wird in einer 100 x 100 cm Wanne mit 15 – 20 Liter Grund marmoriert.

Füllen Sie die gewünschte Wassermenge in einen Eimer. In einem 10 Liter Eimer können Sie bis zu 9 Liter Marmoriergrund auf einmal anrühren. Für größere Marmoriergrundmengen benötigen Sie entsprechend mehrere Eimer.

Den Wasserenthärter mit dem Schneebesen einrühren, bis er sich aufgelöst hat. Den abgemessenen Marmoriergrund während des Rührens langsam in den sich bildenden Wassertrichter einrieseln lassen. Mindestens 5 Minuten weiter rühren. Der Grund muss 8 Stunden quellen, am besten über Nacht. In der ersten halben Stunde mehrmals umrühren, damit sich der Grund nicht absetzt. Vor dem Eingießen in die Marmorierwanne nochmals umrühren, da sich über Nacht am Boden des Eimers meistens noch dickerer Grund abgesetzt hat.

Der Arbeitsplatz sollte gegen Wasser und Farbe unempfindlich und leicht zu säubern sein. Decken Sie ihn dazu mit Folie ab. Stellen Sie einen Eimer mit Wasser und Lappen bereit, um Farbspritzer und abtropfenden Kleister sofort entfernen zu können.

Den Marmoriergrund in eine Wanne oder einen mit Folie ausgeschlagenen Holzrahmen füllen (die Folie lässt sich mit Reißzwecken befestigen). Das Marmorierbecken muss waagerecht aufliegen, da sonst die Füllhöhe variiert und das Fließverhalten der Farben unterschiedlich wird. Entstandene Luftblasen mit einer Nadel zerstechen oder an den Rand treiben.

Für kleine Flächen die Farben in eine Malpalette füllen (z. B. Flaschendeckel auf einem Untersetzer) und mit einem Stöckchen oder einem Nadelkopf auf den Marmoriergrund geben. Für große Flächen die Farben in eine Tropfflasche füllen oder mit einer Pipette auftropfen. Eine Auswahl von drei Farben reicht für den Anfang zur Mustergestaltung aus.

Tragen Sie die erste Farbe auf. Hat sie sich vollständig ausgebreitet, wird die zweite Farbe getropft usw. Solange die Farben nicht absinken, kann dieser Vorgang mehrmals wiederholt werden. Grundsätzlich können Farben nebeneinander, ineinander, in Reihen oder durcheinander getropft werden. Feinere Muster ergeben sich, wenn sie ineinander getropft wurden (Abb. 1).

Abb. 1

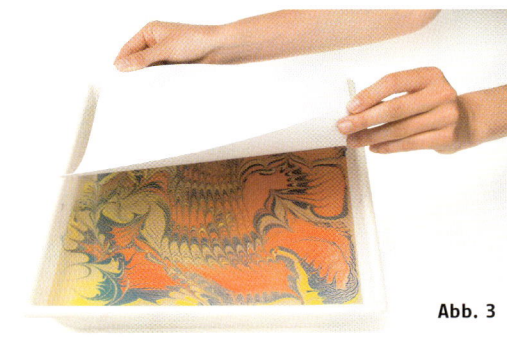

Abb. 2

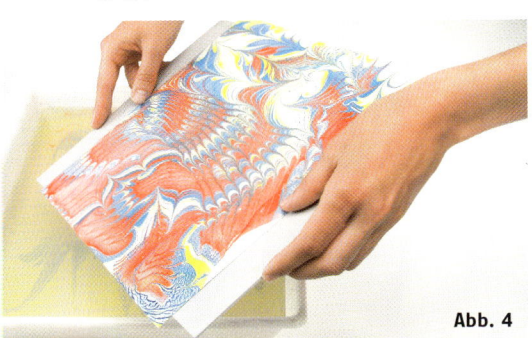

Abb. 3

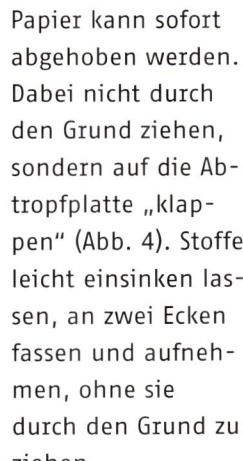

Abb. 4

Mit den Musterwerkzeugen durch die Farben ziehen. Dabei unkontrollierte Rührbewegungen vermeiden (Abb. 2). Zu den einzelnen Mustern siehe S. 12–19.

Das Papier diagonal fassen und von der Mitte ausgehend auf die Fläche legen und leicht andrücken (Abb. 3). Marmorieren Sie kleine Stoffstücke, so können Sie diese mit beiden Händen spannen und auf die Oberfläche auflegen. Bei großen Stoffstücken hingegen benötigen Sie zum Auflegen die Hilfe einer zweiten Person.

Papier kann sofort abgehoben werden. Dabei nicht durch den Grund ziehen, sondern auf die Abtropfplatte „klappen" (Abb. 4). Stoffe leicht einsinken lassen, an zwei Ecken fassen und aufnehmen, ohne sie durch den Grund zu ziehen.

Marmoriertes Papier zum Trocknen auf alte Zeitungen legen oder ebenso wie Stoffe auf eine Leine hängen. Werden die Papiere beziehungsweise Stoffe in der Wohnung zum Trocknen aufgehängt, sollten zum Schutz des Bodens einige Lagen Zeitungspapier auf Folie unter die tropfenden Arbeiten gelegt werden. Beim Aufhängen die Stoffe knapp klammern, da sich sonst ein Pigmentrand bildet.

Der Marmoriergrund kann viele Male benutzt werden, bis er fast verbraucht ist. Das Motiv gestalten Sie dabei immer wieder neu durch Auftropfen und Verziehen der Farben. Meistens belasse ich die Restfarben auf dem Marmoriergrund. Dadurch wird nicht so viel Grund verbraucht, da dieser sich bei jeder Säuberung etwas reduziert. Außerdem stören die Restfarben selten das Gesamtbild, sondern sind meistens gerade das interessante „Tüpfelchen auf dem i". Möchten Sie jedoch ein Muster ohne Restfarben gestalten, müssen Sie mit Zeitungspapier den Marmoriergrund abdecken und damit die verbleibende Farbe abnehmen. Nach dem Trocknen gewellte Papiere von der linken Seite glatt bügeln. Stoffe fixieren Sie nach dem Trocknen durch Bügeln mit dem Dampfbügeleisen auf „Baumwolltemperatur" von der linken Seite – oder bei 150° C im Backofen. Bei Gasöfen Aluminiumfolie um das Fixiergut wickeln. Mehrere Teile können gefaltet und aufeinander gelegt werden. Das ganze Fixierpaket wird in ein großes Handtuch gewickelt und auf ein Backrost gelegt. Die Fixierzeit beträgt ohne Vorheizzeit ca. 30 Minuten. Nach dem Fixieren wird aus den Stoffen der Marmoriergrund ausgewaschen. Vorher mindestens 4

Tipps

- Gefällt Ihnen das erzielte Muster nicht, können Sie mit Zeitungspapier die Farbe abheben.
- Restfarben lassen sich auf dem Marmoriergrund gleichmäßig verteilen und in die nächste Arbeit einbeziehen.
- Untergrund durch Folie und Zeitungen schützen, wenn Sie die Stoffe nicht über der Badewanne abtropfen lassen.
- Nach Arbeitspausen den Marmoriergrund abziehen, da sich eine „Haut" gebildet hat.
- Ist die Oberfläche zu dicht mit Farbe besetzt, sinken die Farben ab.
- Abgesunkene Farben haben keinen Einfluss auf die Oberflächenfarben. Sind es allerdings große Farbmengen und lässt sich das aktuelle Muster beim Arbeiten nicht mehr erkennen, muss der Marmoriergrund vollständig ausgetauscht werden.

bis 8 Stunden auskühlen und ruhen lassen. Danach einweichen und spülen, bis das Wasser klar bleibt. In einem Handtuch leicht ausdrücken und noch feucht von der linken Seite auf „Baumwolltemperatur" trocken bügeln. ACHTUNG: Die marmorierten Stoffe auf keinen Fall vor der Fixierung mit Wasser abspülen.

Bei den einzelnen Arbeitsanleitungen finden Sie das benötigte Material aufgelistet. Auf die Nennung von Marmorierwanne oder -becken, Folie, Reißzwecken, Eimer, Schneebesen, Messbecher, Wasserenthärter und Marmoriergrund habe ich jeweils verzichtet, um Wiederholungen zu vermeiden. Die angegebenen Farbschritte lassen sich durch andere ersetzen; die Farbzusammensetzung können Sie jederzeit nach Ihrem Geschmack und Bedarf variieren.

Je nachdem, wie die Werkzeuge durch die aufgetropften Farben gezogen werden, entstehen unterschiedliche Muster. Auf den nächsten Seiten zeige ich Ihnen einige Variationsmöglichkeiten. Schematische Zeichnungen veranschaulichen Ihnen Schritt für Schritt, wie Sie die Musterwerkzeuge durch die Farben führen; auf den nebenstehenden Fotos sehen Sie die Ergebnisse der Arbeiten. Selbstverständlich können Sie die einzelnen Muster auch nach Belieben miteinander kombinieren.

Stöckchen- oder Federmuster

1. Die Farben Gelb, Rot und Blau werden nacheinander ineinander getropft (Abb.1.)
2. Mit dem Stöckchen in eine Richtung hin und her durch die Farbpunkte ziehen (Abb. 2).
3. Mit dem Stöckchen quer zu den ersten Linien ziehen (Abb. 3).

Schritt 2 und 3 können mehrmals wiederholt werden. Das Stöckchen lässt sich auch diagonal oder schlangenförmig ziehen.

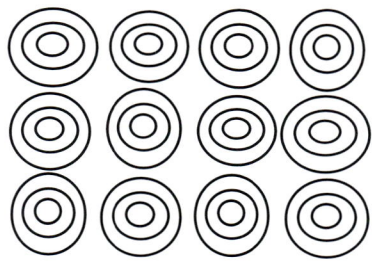

Abb. 1

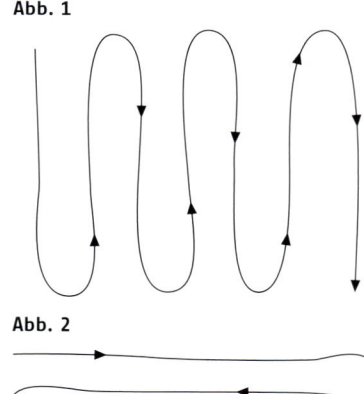

Abb. 2

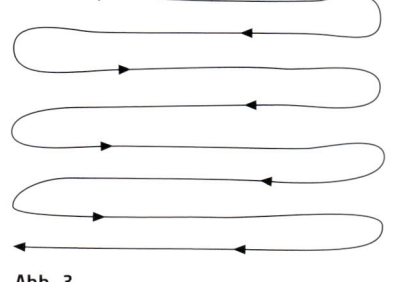

Abb. 3

Kammmuster

Geeignete breit „gezahnte" Kämme kann man kaufen oder selbst herstellen. Hierfür aus einem alten Kamm einen Teil der Zinken herausbrechen, Nadeln zwischen Pappstreifen kleben oder Nadeln durch einen dünnen Styroporstreifen stecken.

1. Die Farben Gelb, Rot und Blau werden nacheinander ineinander getropft (Abb. 1).

2. Mit dem Kamm in eine Richtung hin und her durch die Farbpunkte ziehen. Den Kamm dabei nicht seitlich schieben oder drehen (Abb. 2).

3. Mit dem Kamm quer zu den ersten Linien ziehen (Abb.3).

Schritt 2 und 3 können nach Belieben wiederholt werden. Generell muss der Kamm nicht durchgehend, sondern kann auch mit Unterbrechungen durch das Muster gezogen werden. In diesem Falle ergeben die herausgezogenen Kammspitzen wunderschöne Fächermuster.

Achtung!
Marmoriergefäße nicht mit Spülmittel abwaschen. Es könnten Seifenreste zurückbleiben, die den später eingefüllten Marmoriergrund entspannen und die Farben absinken lassen.

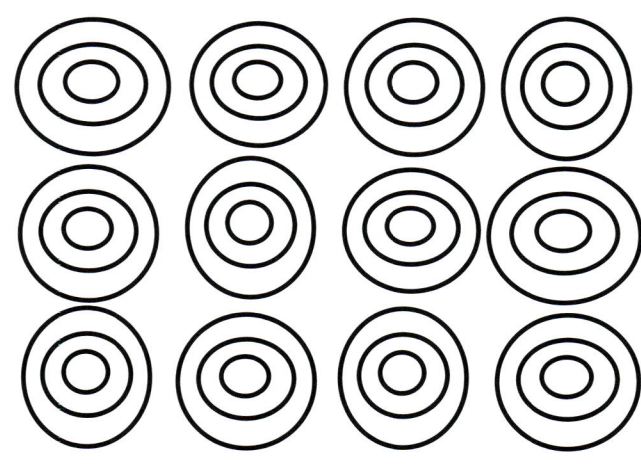

Abb. 1

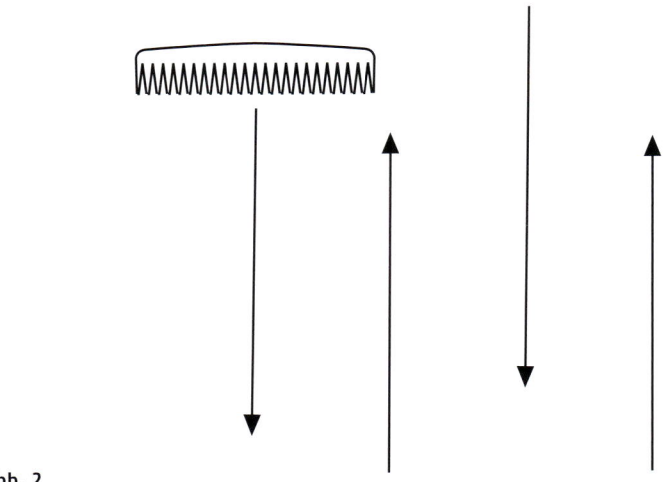

Abb. 2

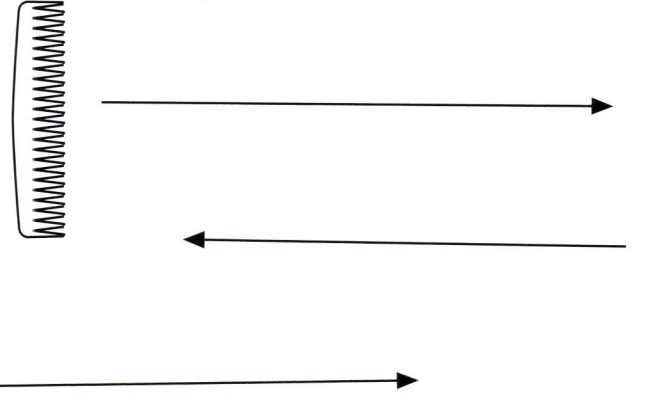

Abb. 3

Blumenmuster

Für das nebenstehende Blumenmuster wurden die Farben in
folgender Reihenfolge aufgetropft:
Restfarbe von vorheriger Marmorierung Gelb, Rot, Blau, Blau
und Rot neu.
Als Erstes die Farben mit dem
Kamm verziehen. Anschließend
ziehen Sie mit dem Stöckchen
diagonale Linien, um Blumen-
stiele andeuten.

Als Nächstes weitere neue Farbpunkte auftropfen: zunächst einen Tropfen Gelb, in den Sie einen kleineren Tropfen Grün
aufbringen.

Die nunmehr entstandenen
Punkte folgendermaßen verziehen:
1. Mit dem Stöckchen von außen
nach innen ziehen. Es entstehen
Bögen (Abb. 1).

2. Mit dem Stöckchen versetzt

beide Farben von innen nach
außen ziehen. So entstehen die
Spitzen (Abb.2).

3. Mit dem Stöckchen nur die
äußere Farbe nach außen ziehen
(Abb.3).

> **Wichtig!**
> Werden Farben auf ein
> bereits gezogenes Muster
> aufgetropft, entstehen
> erneut Kreise!

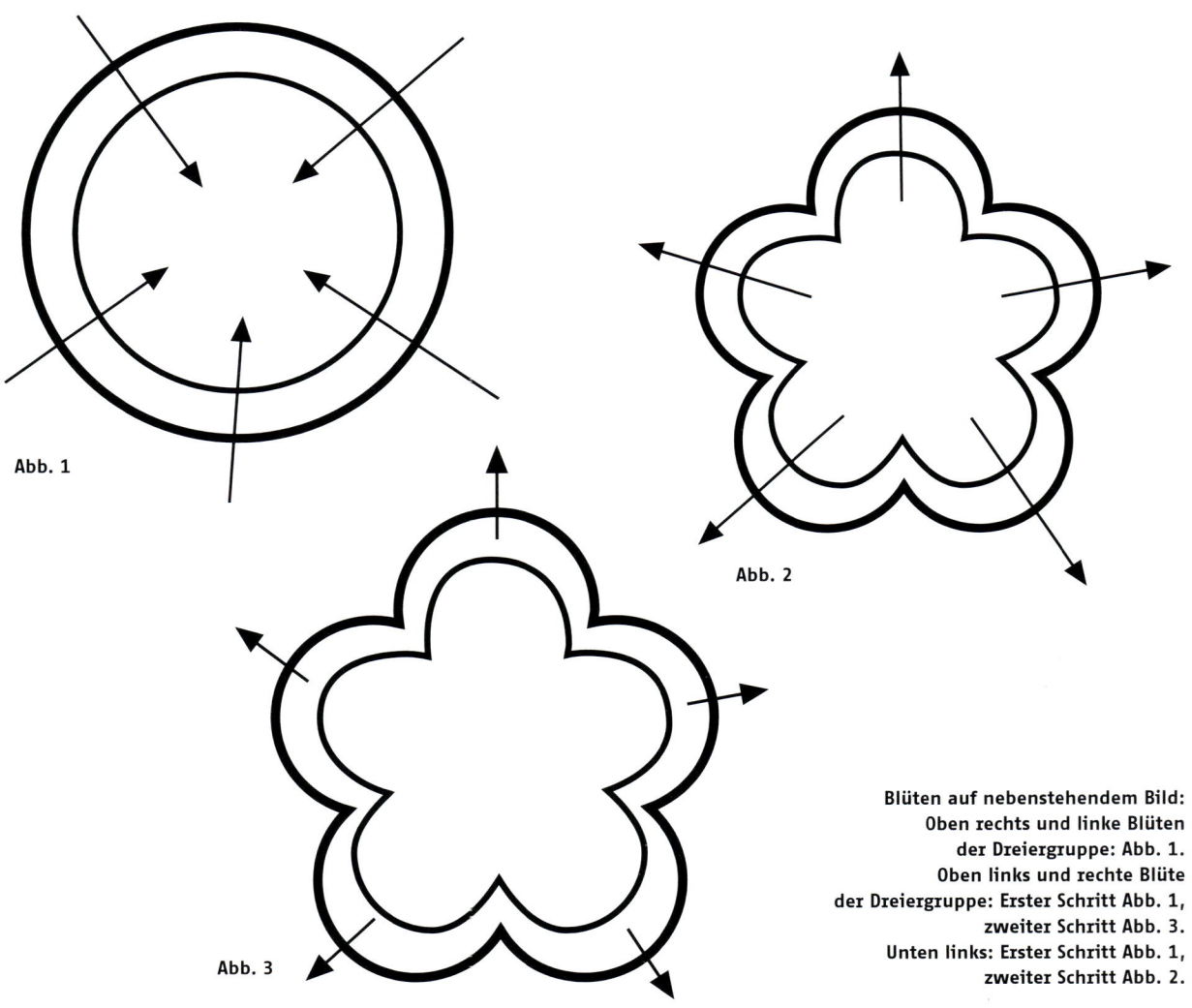

Abb. 1

Abb. 2

Abb. 3

Blüten auf nebenstehendem Bild:
Oben rechts und linke Blüten
der Dreiergruppe: Abb. 1.
Oben links und rechte Blüte
der Dreiergruppe: Erster Schritt Abb. 1,
zweiter Schritt Abb. 3.
Unten links: Erster Schritt Abb. 1,
zweiter Schritt Abb. 2.

Steinmarmor- oder Spritzmuster

Wahrscheinlich handelt es sich bei dieser Technik um die älteste Art des Marmorierens. Dabei werden verschiedene Farben mit einem Pinsel, einer Pipettenflasche oder Zahnbürste auf den Marmoriergrund gespritzt. Sodann die einzelnen Farbtröpfchen nicht mit Kamm oder Stäbchen verziehen, sondern das sich bildende Muster direkt abnehmen. So erhalten Sie ein steinartiges Muster.
Zum Aufbringen der Farbe Pinsel oder Zahnbürste in der rechten Hand halten und leicht auf den ausgestreckten Zeigefinger der linken Hand schlagen, dabei beide Hände über die Wanne führen. Diesen Vorgang mit mehreren Farben wiederholen. Mit der Pipettenflasche kleinste Tropfen spritzen.

Bei dem abgebildeten Muster wurden die Farben in folgender Reihenfolge aufgebracht: Gelb, Rot, Blau, Maigrün, Tanne, Blau und Rot.
Die Schritte können mit anderen Farben weiter fortgeführt werden.

Tipp
Einige Marmorierfarben haben ein unterschiedliches Treibverhalten, das bei der Reihenfolge des Auftropfens beachtet werden muss. Befindet sich zu viel treibende Farbe auf dem Grund, breitet sich eine weniger treibende Farbe nicht mehr aus oder sinkt sogar ab.

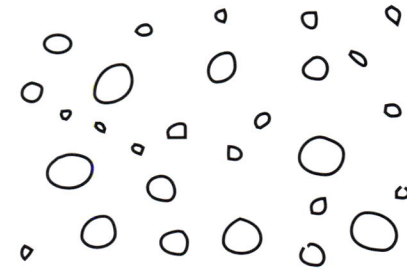

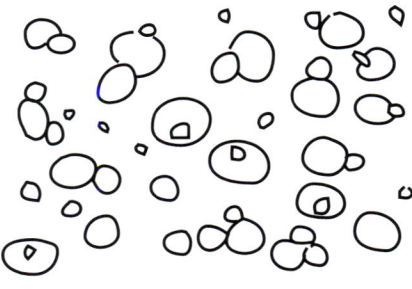

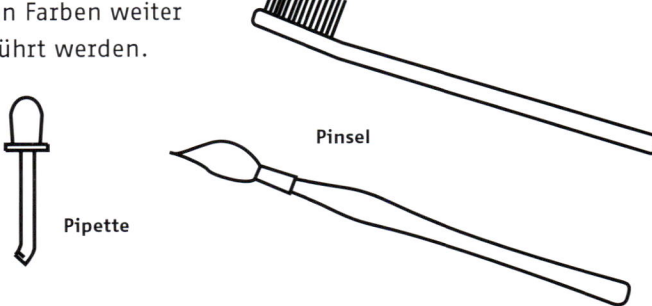

Zahnbürste

Pinsel

Pipette

Seidenschals

■ Material
Marmorierwanne 160 x 50 cm
Seidenschals ab Stärke 08 (z. B.
Crêpe de Chine, Pongé, Crêpe
Satin), Bügelbrett, Bügeleisen,
Farben Schwarz, Weiß, Rot, Mai-
grün, Türkis, Marine, Atlantik,
Flieder, Rotviolett, Gelb,
Kamm, Stöckchen

Verwendete Techniken
Schal links: Unregelmäßig einge-
tropfte Farben Türkis, Marine.
Kammtechnik mit einzelnen
Stockzügen und eingetropften
Blüten in Rot und Gelb. (siehe S.
14 und S. 16).
Zweiter Schal von links: Unregel-
mäßig eingetropfte Farben Rot-
violett, Flieder, Türkis, Atlantik.
Stöckchenmuster (siehe S. 12)
mit abschließenden diagonalen
Zügen.
Dritter Schal von links: Restfar-
ben, Türkis über die gesamte
Fläche getropft, am Rand Mari-
ne und in der Mitte Gelb ge-
tropft. Mit dem Stöckchen als
Erstes in Querrichtung, als Ab-
schluss in Längsrichtung ziehen.
Schal rechts: Maigrün, Rot und
Schwarz regelmäßig nacheinander auf der Fläche verteilen. So-

dann viel weiße Farbe auf der
Fläche verteilen. Zuerst mit dem
Kamm die Farbe verziehen, danach mit dem Stöckchen einzelne „Haken" ziehen, d. h. lange
gerade Farblinien mit dem Stock
modellieren. Ziehen Sie dabei
die Farbe hakenförmig in größere einfarbige Flächen.
Die Seide muss vor dem Marmorieren nicht gewaschen, aber
gebügelt werden. Andernfalls
zeichnen sich die Falten im
Muster ab.
Achten Sie stets darauf, den
Stoff in einem Zuge auf den
Marmoriergrund abzulegen.
Denn wird dieser Vorgang unter-
brochen, zeichnet sich im Muster sofort eine Linie ab, die
nicht mehr zu kaschieren ist.
Am besten Sie nehmen hierfür
mithilfe einer zweiten Person
das Tuch an den Ecken fest in
die Hände. Halten sie es ge-
spannt wie einen Baldachin
über die Wanne. Achten Sie darauf, dass es sich genau über
dem Muster befindet, und lassen Sie die Hände gleichmäßig
sinken. Sobald das Tuch den
Marmoriergrund berührt, dieses
nicht mehr stoppen oder hochnehmen, sondern ohne Unterbrechung ablegen.

Tipp
Marmorieren Sie immer
mehrere Schals nacheinan-
der, damit sich der Aufwand
der Vorbereitungen lohnt. Es
lassen sich auch mehrere
kleinere Tücher nebeneinander in der Schalwanne marmorieren. Um den Grund
vollends auszunutzen, marmorieren Sie am besten auch
gleich einige Papiere für Kar-
ten, Schachteln usw.

Hat auch der Rand des Schals
Farbe aufgenommen, fassen Sie
zusammen mit der zweiten Person jeweils eine Ecke und nehmen den Schal auf. Halten Sie
den Schal einen Moment über
der Wanne und lassen Sie den
Marmoriergrund ablaufen. Nun
legen Sie den Schal zur Hälfte
zusammen – Farbe nach außen
– und hängen ihn zum Trocknen
am Knick auf eine Wäscheleine
über der Badewanne oder eine
andere Abtropffläche.
Nach dem Trocknen die marmorierten Seidenschals wie auf
S. 11 beschrieben fixieren.

Problem	Ursachen	Abhilfe
Farben breiten sich zu rasch aus und lassen sich nicht verziehen.	Marmoriergrund zu dünn oder zu alt.	Etwas dickeren Grund zufügen.
		Neuen Grund verwenden.

Marmorierte Seidentücher

■ Material

Marmorierwanne 100 x 100 cm, Seidentücher ab Stärke 08, z. B. Pongé, Crêpe de Chine, Bügelbrett, Bügeleisen, Farben Rot, Tanne, Türkis, Brillantgrün, Marine, Atlantik, Gelb Kamm, Stöckchen, Zahnbürste

Verwendete Techniken

Ausgebreitetes Tuch: Steinmarmor (Spritzmuster siehe S. 18). Wenig Gelb und Rot, Atlantik und Brillantgrün etwas stärker spritzen. Als Abschluss die Fläche intensiv mit Marine bespritzen.

Geknotetes Tuch links: Unregelmäßige Farbtropfen Rot, Marine, Tanne, Gelb. Kammmuster (siehe S. 14).

Geknotetes Tuch Mitte: Unregelmäßige Farbtropfen Rot, Marine, Türkis, Gelb. Kammmuster mit Stöckcheneinzügen (s. S. 14).

Geknotetes Tuch rechts: Tropfen Sie Gelb und Rot gleichmäßig über die ganze Fläche. Danach verziehen Sie mit dem Kamm die Tropfen. Nun bringen Sie atlantikfarbene Tropfen am Rand der Wanne entlang auf. Haben sich die Punkte ausgebreitet, ziehen Sie mit dem Kamm die blaue Farbe vom Rand in Richtung Mitte des Tuches.

Die Seide muss vor dem Marmorieren nicht gewaschen, jedoch gebügelt werden, da sich die Falten ansonsten im Muster abzeichnen.

Wie bei den Seidenschals gilt es, den Stoff in einem Zug auf den Marmoriergrund abzulegen. Andernfalls zeichnet sich im Muster sofort eine Linie ab, die sich nicht mehr korrigieren lässt. Deswegen sollten Sie mithilfe einer zweiten Person das Tuch an den Ecken fest in die Hände nehmen, wobei Sie es wie einen Baldachin über die Wanne spannen. Achten Sie dabei darauf, dass es sich genau über dem Muster befindet. Lassen Sie Ihre Hände nun gleichmäßig sinken. Sobald das Tuch den Marmoriergrund berührt, die Bewegung nicht mehr stoppen oder den Stoff hochnehmen, sondern ohne Unterbrechung ablegen.

Hat auch der Rand des Tuches Farbe aufgenommen, beugen Sie sich über die Wanne, fassen die entfernten Ecken und nehmen das Tuch ab, indem Sie sich aufrichten und es dabei vom Grund aufnehmen. Halten Sie das Tuch einen Moment über der Wanne und lassen Sie den Marmoriergrund ablaufen. Nun hängen Sie es zum Trocknen auf eine Wäscheleine über der Badewanne oder eine andere Abtropffläche. Ist das Tuch getrocknet, wie auf S. 11 beschrieben fixieren.

Problem	Ursachen	Abhilfe
Die Farben wurden stellenweise nicht richtig angenommen.	Das Papier lag nicht überall auf.	Papier langsam auf die Farben absenken.
	Im Stoff war noch Appretur.	Den Stoff vor dem Marmorieren gründlich waschen.
	Der Stoff war noch feucht.	Stets nur trockenen Stoff verwenden.
	Das Gewebe ist zu dünn.	Dickeren Stoff verwenden.
	Es haben sich Luftblasen gebildet.	Luftblasen mit einer Nadel aufstechen.

Seidentops

Ebenso wie Halstücher oder Schals lassen sich auch Seidentops im Handumdrehen mit außergwöhnlichen Marmoriermustern gestalten.

■ Material
Seidentop Crêpe de Chine 12 mit offenen Seitennähten,
Restfarben Flieder, Atlantik,
Hauptfarben Nougat, Kaffee,
Tanne, Kupfer,
Kamm, Stöckchen

Seidentop rechts
Auf dem verwendeten Marmoriergrund befinden sich die

> **Tipp**
> Hat das Top an den Armausschnitten die Farbe nicht angenommen, da die Seide vorher durchnässt wurde, die Ausschnitte nach dem Trocknen, Fixieren und Ausspülen des Marmoriergrundes mit Pinsel und verdünnter Marmorierfarbe nachfärben.

Restfarben Flieder und Atlantik. Die neuen Farben werden in folgender Reihenfolge unregelmäßig in- und nebeneinander getropft: Nougat, Kaffee und Tanne. Sodann die Farben zuerst in der Querrichtung und danach in der Längsrichtung mit dem Kamm verziehen.
Als Nächstes am Rand der Wanne mit Kupfer neue Tropfen aufbringen, wodurch das erste Muster etwas zusammengeschoben wird. Hat sich die Farbe ausgebreitet, mit dem Kamm vom Rand her durch die Tropfen ziehen. In beide Hälften der Wanne einen einzelnen Tropfen Kupfer geben und nach dem Austreiben mit dem Stöckchen Blüten modellieren (siehe S. 16). Trocknen und fixieren wie auf S. 11 beschrieben.

■ Material
Seidentop Pongé 08 mit offenen Seitennähten,
Restfarben Gelb, Rot,
Hauptfarben Marine, Atlantik,
Türkis, Rot,
Kamm, Stöckchen

Seidentop links
Auf dem Marmoriergrund befinden sich bereits die Restfarben Gelb und Rot. Die neuen Farben werden in folgender Reihenfolge unregelmäßig in- beziehungsweise nebeneinander getropft: Marine, Atlantik, Türkis. Als Nächstes die Farben zuerst in der Quer- und danach in der Längsrichtung mit dem Kamm verziehen. Anschließend auf das entstandene Muster in einer Schlangenlinie rote Farbtupfer aufträufeln und mit einem Stöckchen verziehen. Trocknen und fixieren wie auf S. 11 beschrieben.

> **Achtung!**
> Die Seidentops sollten stets mithilfe einer weiteren Person aufgelegt werden. Dabei das Top über der Wanne halten, vor dem Auflegen die herunterhängenden offenen Armausschnitte nach oben schlagen und nach dem Auflegen sofort auf den Grund klappen.

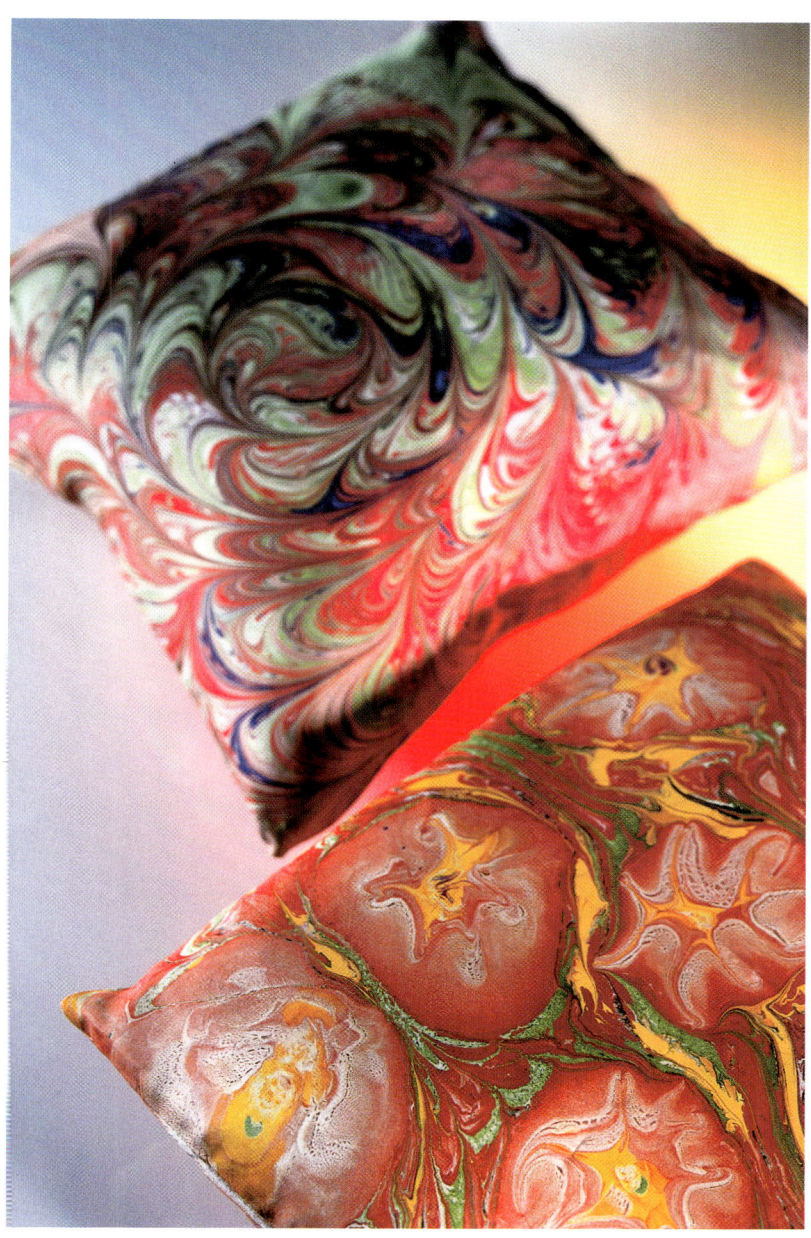

Tropfen aufbringen; diese
anschließend mit dem Kamm
verziehen. Sodann mit dem
Stöckchen zwei Schnecken bilden (jeweils eine für Vorder-
beziehungsweise Hinterseite);
hierbei vom Rand zur Mitte der
einzelnen Schnecken Strahlen
ziehen. In den Mitten ebenfalls
kleine Schnecken bilden.

■ Material
Seidenkissen fertig genäht,
Pongé 08, 40 x 40 cm,
Marmorierwanne 45 x 95 cm,
Farben Maigrün, Gelb, Kupfer,
Kamm, Stöckchen

Vorderes Kissen
Auf die zuerst aufgetropften und
im Kammmuster verzogenen
Farben Maigrün und Gelb mit
Kupfer in einigem Abstand weitere Farbpunkte tropfen. In die
ausgebreiteten Punkte abermals
Gelb tropfen und dieses zu Blu-
menmotiven verziehen.

Abschließend die Seidenkissen
wie auf S. 11 beschrieben trocknen und fixieren.

Marmorierte Kissen

■ Material
Seidenkissen mit drei geöffneten
Seiten Pongé 10, 40 x 40 cm,
Marmorierwanne 45 x 95 cm,
Restfarben Atlantik, Kaffee,
Kakao, Kupfer,
Hauptfarben Rot,

Tanne,
Maigrün,
Kamm, Stöckchen

Hinteres Kissen
Auf dem Grund befinden sich
bereits die Restfarben Atlantik,
Kaffee, Kakao, Kupfer. Als Erstes
in Rot, Tanne und Maigrün neue

Tischset, Serviette und Eierwärmer

■ Material

Tischset und Serviette aus gebleichter Baumwolle, Seidensatin-Eierwärmer, Farben Gelb, Atlantik, Rot, Kamm, Stöckchen

Im Gegensatz zur Seide sollten Sie Baumwollstoffe vorwaschen. Dadurch wird die Appretur entfernt und der Stoff kann die Farbe besser aufnehmen. Vor dem Marmorieren müssen auch Baumwollstoffe sehr gut glatt gebügelt werden.

Möchten Sie wie auf dem nebenstehenden Foto ein Ensemble gestalten, so kann jedes Teil einzeln marmoriert werden. Wählen Sie hierfür eine Wanne mit den Maßen des größten Stoffstückes. Sie können sich aber auch eine Wanne bereitstellen, in der mehrere Teile zugleich marmoriert werden. Legen Sie in diesem Falle die Stoffstücke nebeneinander auf und nehmen Sie sie in gleicher Reihenfolge wieder ab.

Für die hier abgebildeten Arbeiten befinden sich in der Wanne die Restfarben Gelb, Rot und Atlantik. Die neuen Farben werden in folgender Reihenfolge aufgetropft: Wenig Gelb mit großem Abstand auf die Fläche geben. Ohne die gelben Punkte zu beachten, werden sodann Rot, Atlantik und nochmals Rot nacheinander gleichmäßig ineinander getropft. Dabei den Abstand

beim ersten Rot enger wählen. Zuerst mit dem Kamm die Farben verziehen. Beim zweiten Durchgang die einzelnen Kammzüge in größerem Abstand durch die Farbe führen. Mit dem Stöckchen in den Lücken zwischen den Kammmuster einzelne Striche und „Haken" modellieren.

Das Tischset und die Serviette werden einseitig, der Eierwärmer muss hingegen beidseitig marmoriert werden. Bei Letzterem die erste Seite auflegen und den Eierwärmer sofort über eine Kante auf die andere Seite klappen. Deshalb beim Auflegen auf ausreichenden Platz zum Umklappen achten. Trocknen, Fixieren und Weiterbehandlung wie auf S. 11 beschrieben. Eventuell müssen die Kanten des Eierwärmers sowie des gesäumten Tischsets nachgearbeitet werden. Hierfür nach dem Ausspülen und Trocknen des fixierten Stoffes die Kanten mit verdünnter Marmorierfarbe nacharbeiten (siehe S. 24).

Tipp

Möchten Sie mit Restfarben arbeiten, sind aber keine vorhanden, dann tropfen Sie sich einfach welche.
Geben Sie hierfür mit großem Abstand geringe Mengen der gewünschten Farben auf die zu marmorierende Fläche, verziehen Sie die Farben mit dem Kamm und beginnen Sie sodann mit dem Auftropfen der Hauptfarben.

Haarschmuck

■ Material

Haarspangen mit Seidenbezug
Haarreifen mit Seidenbezug
Haarföhn, Zange
Marmorierfarben Sonnengelb,
Rot, Atlantik, Brillant Grün, Tür-
kis, Kupfer, Rotviolett, Marine
Kamm, Stöckchen
Zeitungspapier

Die Haarspangen an der Metall-
schließe festhalten und in den
nach Ihren Vorstellungen gestalteten Marmoriergrund tauchen.
Zum Trocknen auf Zeitungspapier
ablegen.
Die Haarreifen von einem Ende
zum anderen auf dem jeweili-
gen Marmoriergrund abrollen.
Achten Sie dabei darauf, dass
der Rand etwas untergetaucht
wird, damit überall die Farbe
auf den Reifen übertragen wird.
Zum Trocknen auf Zeitungspapier
ablegen oder über eine Flasche
hängen.

Nach dem Trocknen diese Marmorierung zur Fixierung ca. 5
Minuten föhnen. Dabei den
Föhn sehr dicht an die zu fixie-
rende Fläche halten. Da sich
hierbei die Luft sehr stark er-
wärmt, sollten Sie Haarspangen
beziehungsweise Haarreifen mit
einer Zange halten.
Nach dem Fixieren den Haar-
schmuck in der Dusche abspülen
und trocknen lassen.

Tipp
Der Verlauf der Farben auf
dem Marmoriergrund lässt
sich nicht endgültig beein-
flussen, sondern kann sich
beim Auftropfen jeder neuen
Farbe ändern.
Da Sie nicht direkt auf dem
fertigen Objekt arbeiten,
sind Korrekturen auf dem
Marmoriergrund aber jederzeit möglich.

drehen als mit einer dicken Stopfnadel) zur Schlaufe biegen und die Drahtspitzen unten in die Kerze stecken, sodass eine Art Griff entsteht. Zum Marmorieren fassen Sie die Kerze am Docht und an der Drahtschlaufe an und drehen sie über die Oberfläche des Marmoriergrunds mit den aufgetropften und gemusterten Farben Ihrer Wahl. Dabei sollten Sie vermeiden, die Kerzen gänzlich einzutauchen.

ACHTUNG: Um die Fingernägel zu schützen, Handschuhe tragen. Die Kerzen zum Trocknen in den Karton lehnen. Als Abschluss die Marmorierung mit Wachslack schützen. Um hierbei die Farben nicht zu verwischen, tauchen Sie die Kerzen am besten in den Wachslack. Benutzen Sie dazu ein schlankes hohes Gefäß. Damit der Lack beim Tauchen nicht überläuft, stellen Sie die erste der marmorierten Kerzen in das leere Gefäß und füllen Sie den Lack bis zum Docht ein; danach die anderen Kerzen tauchen.

Kerzen im Marmordesign

■ Material

Haushaltskerzen, Blumenstieldraht oder dicke Stopfnadel, Wachslack und Reiniger oder Kerzenmalmedium und Wasserbecher, Pinsel, Lappen, Farben auf Wasserbasis, Schuhkarton zum Abtropfen des Kleisters, Gummihandschuhe

Damit Wasserfarben auf Wachs haften bleiben, müssen Kerzen entsprechend vorbehandelt werden. Die schönsten Ergebnisse erzielen Sie, wenn Kerzen – am Docht angefasst – in Wachslack getaucht oder zweimal damit grundiert werden. Als Alternative streichen Sie die Kerze zweimal mit Kerzenmalmedium ein. Wachslackpinsel mit Reiniger, Mediumpinsel mit Wasser säubern. Die Kerzen zum Trocknen in einen Karton stellen, dabei die Kerzenspitze an die Kartonwand lehnen. Ein Stück Blumenstieldraht (hiermit lässt sich die Kerze leichter

Tipp

Möchten Sie zu Tischdecken oder Sets passende Kerzen gestalten, die Kerzen direkt am Beckenrand neben dem aufliegenden Tuch in den überstehenden Farben marmorieren. Das Tuch erst aufnehmen, wenn die Kerzen marmoriert sind, da die Farben sonst wegschwimmen.

Schwimmkerzen

■ Material

Schwimmkerzen Sterne, Herzen, Kugeln, Blumenstieldraht, Wachslack und Reiniger oder Kerzenmalmedium und Wasserbecher, Pinsel, Lappen, Wasserbecher, Folie, Farben auf Wasserbasis (siehe rechts), Plastikbecher als Marmoriergefäß, Kamm, Stöckchen

Als Erstes die Schwimmkerzen wie auf S. 30 beschrieben vorbehandeln und zum Trocknen auf die Folie stellen. Anschließend

ein Stück Blumenstieldraht zur Schlaufe biegen, die Enden in die Unterseite der Kerze stecken. Marmoriergrund in den Becher füllen, Farben aufbringen und nach Belieben verziehen. Die Kerze an der Drahtschlaufe halten und mit dem Docht nach unten in den Marmoriergrund tauchen. Die Kerze herausnehmen, am Docht anfassen und die Drahtschlaufe herausziehen. Auf der bereitgelegten Folie zum Trocknen abstellen.
Folgende Farben wurden bei den hier abgebildeten Kerzen verwendet:

Schwimmsterne:
● Wenig Gelb und Rot, intensiv Türkis
● Gelb und Rot

Herzen:
● Restfarbe Gelb, Marine. Neu Rot, wenig Blau
● Restfarbe Gelb, Marine. Neu Türkis, wenig Blau

Kugeln:
● Restfarbe Blau, Gelb. Neu Rot.
● Restfarbe Rot, wenig Gelb. Neu: Grün, Türkis, Blau.
● Wenig Türkis, Blau, Rot.

Grundtechnik Marmorieren mit Papier

Bei Verwendung von wasserverdünnbaren Farben auf Kleister als Marmoriergrund muss zunächst das Papier gebeizt werden. Andernfalls ließe sich die wasserlösliche Farbe vom Papier abspülen, wenn Sie den Kleister mit dünnem Wasserstrahl nach dem Marmorieren abwaschen.

Zum Beizen benutzen Sie Aluminiumsulfat, das nach Herstellerangaben in heißem Wasser aufgelöst wird. Normalerweise sind 40 g auf 1 Liter Wasser ein gutes Lösungsverhältnis. Die Farbe haftet dadurch gut auf dem Papier; die entstandene Schicht ist aber so dünn, dass sie nicht abblättert. Zum Präparieren wird das Papier kurz in die abgekühlte Beizlösung getaucht und anschließend zum Trocknen ausgelegt.

> **Achtung!**
> Die Beizlösung niemals in die Augen bringen!

Damit das Papier später im Farbbad plan aufliegt und überall gleichmäßig Farbe aufnehmen kann, sollte es nach dem Trocknen unter Büchern gepresst, aber keinesfalls gebügelt werden.

Zum Marmorieren sollte das Papier zwar trocken, jedoch nicht ausgetrocknet sein. Deshalb die vorbehandelten Papierbogen nicht auf der Heizung trocknen.

Feuchtes Papier nimmt keine Farbe an. Vermeiden Sie also, es mit nassen Fingern anzufassen.

Verwenden Sie gut saugende Papiere in Kombination mit Alginat-Pulver als Marmoriergrund, können Sie auf das Beizen von Papier verzichten. In diesem Falle läuft der dünnflüssige Marmoriergrund von alleine gut vom Papier ab. Zum Trocknen legen Sie die marmorierten Papiere auf alten Zeitungen aus, betten sie zwischenzeitlich um und lassen dabei Marmoriergrundreste ablaufen. Nach dem Trocknen ist davon nichts mehr zu sehen.

Hat das Papier die Farbe stellenweise nicht angenommen, lag es nicht überall plan auf oder zwischen Marmoriergrund und Papier haben sich Luftblasen gebildet.

Möchten Sie die marmorierten Papiere weiter verarbeiten, sollten Sie es nach dem Trocknen mit Sprühlack schützen.

Marmorierte Notizheftchen

■ Material
Marmoriertes Papier, Weißes Schreibpapier, Weißer Zwirn, Nähnadel, Schneidematte, Lineal, Cutter, Schere

Die wie oben beschrieben gefertigten Marmorpapiere auf die doppelte Heftgröße schneiden – für ein DIN A5-Heft benötigen Sie also einen DIN A4-Bogen. Die Einlagen aus weißem Schreibpapier werden in der Länge 4 mm kürzer als der marmorierte Umschlag geschnitten. Die Innenteilpapiere einzeln in Querrichtung zusammenfalten und dabei darauf achten, dass die Ecken richtig übereinander liegen.

In jedes Marmorpapier kommen fünf gefaltete weiße Blätter als Einlage. Auf der inneren Blatteinlage die Mitte im Knick markieren. Von dieser Markierung 3 cm rechts und 3 cm links eine weitere Markierung anbringen. An den Markierungen werden die zusammengelegten Blätter nunmehr mit der Nadel durchstochen und mit einer Fadenheftung (s. Abb.) verbunden. Zum Schluss die Enden des Fadens fest verknoten.

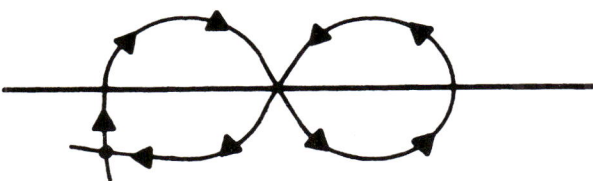

Grußkarten im Marmordesign

■ Material

Verschiedenfarbige Doppelkar-
ten, Passepartoutkarte
Marmorpapiere
Klebestift, Schere
Klebeschriften und -ornamente
(Peel Offs)
Schmetterlingschablone
Bleistift, Lineal
Schneidematte, Cutter

Einladung

Papier mit Steinmarmor- und
Stöckchenmuster auswählen, etwas kleiner als die Klappkarte
zurecht schneiden und aufkleben. Klebeschrift anbringen.

Herzliche Glückwünsche

Mithilfe einer Schablone zwei
marmorierte Schmetterlinge
aufzeichnen und ausschneiden.
Deckungsgleich die linken Seiten
aufeinander kleben. Die Flügel

Tipp

Mit einer Visitenkarte aus
marmoriertem Papier kön-
nen Sie bleibenden Eindruck
hinterlassen. Einfach das
gestaltete Papier Ihrer Wahl
per Hand, Klebebuchstaben
oder Computer beschriften.
Hierbei lassen sich hervorragend Papierreste verwerten.

Problem	Ursachen	Abhilfe
Farbe sinkt ein.	Marmoriergrund zu dünn.	Dickeren Marmoriergrund anrühren.
	Farbe zu schwer.	Farbe verdünnen.
	Zu viel Farbe aufgetropft.	Tropfen beenden.

hoch knicken und den Körper auf die Karte kleben. Zum Schluss mit Schrift und Schmetterlingsornamenten verzieren.

Viel Glück!
Ein Pflanzenmotiv aus einem Marmorpapier Ihrer Wahl aussu-

chen, ausschneiden, aufkleben und mit Schrift und Klebevögeln verzieren.

Passepartoutkarte
Das gewählte Marmorpapier mit Stöckchen- und Blumenmuster hinter den Passepartoutaus-

schnitt kleben. Mit dem Einlegeblatt abkleben und ein weißes Schreibpapier einlegen.

Gutschein
Passendes Marmorpapier auswählen, zurecht schneiden, aufkleben und die Schrift anbringen.

Sammelmappe

■ Material

Weißer Tonkarton 300 g, großer Bogen Marmorpapier, farblich abgestimmtes Tonzeichenpapier, 1,2 m Satinband, Schneidematte, Bleistift, Lineal, Cutter, Schere, Buchbinderleim, Leimpinsel, Falzbein, Tapetenreste, saugfähiges Papier

Den weißen Tonkarton auf das doppelte Maß der gewünschten Mappe zuschneiden. Den Karton auf die linke Seite des Marmorpapiers legen und die Außenmaße anzeichnen. Das Marmorpapier mit 2 cm Zugabe zur Zeichnung ausschneiden. Das farblich abgestimmte Tonzeichenpapier rundherum 1 cm kleiner zuschneiden. Das Marmorpapier an den Ecken bis auf 3 mm schräg abschneiden. Den Papierzuschnitt auf eine Unterlage (z. B. Tapetenrest) legen und die linke Seite von der Mitte über die Ränder hinaus mithilfe des Leimpinsels einstreichen. Dazu den Buchbinderleim vorher etwas mit Wasser verdünnen, damit er besser ver-

Achtung!

Beim Zuschneiden auf die Laufrichtung des Papiers achten. Diese kann durch Reißen oder eine Wasserprobe festgestellt werden: In Laufrichtung ergibt sich ein glatter Riss, durch Feuchtigkeit hingegen dehnt sich das Papier in Querrichtung aus. Das Papier muss stets gleichlaufend verarbeitet werden, da sich die Mappe ansonsten verzieht.

streichbar ist. Den Leim leicht einziehen lassen, so kann sich das Papier dehnen und wirft beim Kleben keine Falten. Eventuell noch einmal leimen, auf eine saubere Unterlage legen und den Kartonzuschnitt an einer vorgezeichneten langen Linie anlegen und festdrücken. Die überstehenden Seiten des Marmorpapieres umschlagen, zuerst die langen Seiten. Mit dem Falzbein die Kanten fest anreiben. 2 cm vom Mappenrand Schlitze für das Mappenband in den Mitten der kurzen Seiten einschnei-

den. An den langen Seiten die Mitte ermitteln und auf den Hälften jeweils in der Mitte 2 cm vom Mappenrand ebenfalls Schlitze einschneiden. Das Satinband sechsteilen und von vorne durch die Schlitze ziehen, innen verkleben.

Das zugeschnittene Tonzeichenpapier einleimen und als Vorsatzpapier auf die Innenseite kleben. Die Mappenseiten mit saugfähigem Papier abdecken und mit dicken Büchern beschwert 24 Stunden trocknen lassen.

Nach dem Trocknen mit dem Falzbein den Mappenknick vorfalzen, die Mappe knicken und mit den Bändern schließen.

Achtung!

Die Marmorierungen erscheinen stets seitenverkehrt auf den marmorierten Gegenständen. Dies heißt: Eine getropfte Blüte in der linken oberen Ecke der Marmorierwanne erscheint nach dem Aufnehmen in der linken unteren oder rechten oberen Ecke des Papiers.

Problem	Ursachen	Abhilfe
Farbe breitet sich gar nicht oder nur geringfügig aus.	Marmoriergrund oder Farbe zu dick.	Farben mit Papier abziehen.
		Marmoriergrund verdünnen.
		Farben sparsamer auftragen oder verdünnen.

Fotoalbum und Brillenetui

■ Material

Fotoalbum mit weißem Einband, Brillenetui aus Baumwolle, Marmorpapier (Muster in Steinmarmor, Kupfer, Tanne, Maigrün, Rot, Atlantik), Stöckchen, Zeitungspapier, Buchbinderleim, Leimpinsel, Tonzeichenpapier Blau und Weiß, Tonkarton Weiß, Schere, Zackenschere, Wellenschere, Lineal, Bleistift, Wasserfeste Stifte Blau, Rot, Mod Podge, Pinsel, Holzblüte, Alleskleber, Klarlackspray

Möchten Sie ein ähnliches Muster erzeugen wie auf nebenstehendem Foto, verwenden Sie Marmoriergrund mit Restfarbe Kupfer. Für das Marmorpapier die neuen Farben in folgender Reihenfolge aufspritzen: Wenig Tanne, Maigrün, Rot, Atlantik. Als Nächstes mit dem Stöckchen Rosetten (Spiralen) ziehen. Sodann das Papier auflegen, am Rand eine Seite des Brillenetui auflegen und auf die zweite Seite klappen (siehe S. 26). Zum Trocknen über eine Flasche stülpen. Das Papier abnehmen und zum Trocknen aufhängen oder auf Zeitungspapier legen. Das Brillenetui fixieren, ausspülen und eventuell eine Kante mit verdünnter Farbe nacharbeiten (siehe S. 24). Das getrocknete Papier glätten und auf die Maße des Albums zuschneiden:

- Zweimal an drei Seiten 2 cm größer als die Alben-Deckel, einen schmalen Streifen für den Rücken.
- Die Falze zwischen Deckeln und Rücken bleiben frei.
- Für das Vorsatzpapier blaues Tonzeichenpapier zweimal an drei Seiten 1,5 cm kleiner als die Alben-Deckel zuschneiden.

Das zugeschnittene Marmorpapier auf Zeitungspapier legen und die linke Seite von der Mitte über die Ränder hinaus mithilfe des Leimpinsels einstreichen. Dazu den Leim vorher etwas mit Wasser verdünnen, damit er besser verstreichbar ist. Den Leim leicht einziehen lassen, so kann sich das Papier dehnen und wirft beim Kleben keine Falten. Vor dem Verkleben eventuell noch einmal leimen. Das Papier am Rückenfalz der Vorderseite des Albums anlegen und mit einem Lappen von der Mitte zu den Rändern andrücken, das Album umdrehen und aufschlagen. Die Ecken vor dem Umschlagen der Papierüberstände bis auf 3 mm schräg zurückschneiden, zuerst die obere und untere Kante umlegen, als letztes die vordere Kante. Das Vorsatzpapier einleimen und auf die Innenseite des Deckels kleben. Dabei am Rücken deckungsgleich mit dem Marmorpapier ansetzen und nach vorne glatt

streichen.
Mit der zweiten Deckelseite ebenso verfahren.
Den schmalen Marmorpapierstreifen auf den Rücken kleben. Alles mit einem Lappen fest anreiben.
Für das Etikett zuerst blaues Tonzeichenpapier mit der Wellenschere zurecht schneiden und aufkleben. Auf das blaue Papier ein mit der Zackenschere zurecht geschnittenes weißes Tonzeichenpapier kleben. Mit den wasserfesten Stiften beschriften, die Holzblume aufkleben und mit Mod Podge versiegeln.
Zum Schutz den Bezug des Albums mit Klarlack mehrmals besprühen oder das gesamte Album mit Mod Podge einstreichen.

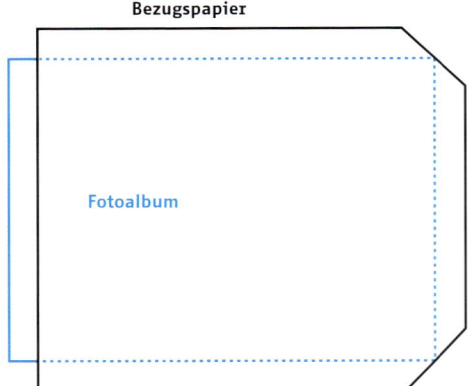

Bezugspapier

Fotoalbum

Vorsatzpapier

Meine Stadt
Berlin

Schachteln und Dosen

▪ Material

Pappdosen Quadrat, Herz, Oval
Marmorpapier (Restfarben Türkis, Violett; Hauptfarben Gelb,
Atlantik und Orange),
Lineal, Bleistift, Schere,
Leim, Klarlackspray,
Zeitungspapier

Für die hier abgebildeten
Schachteln wurden Marmorpapiere mit Kamm- und Federmustern verwendet. Auf dem Marmoriergrund befanden sich die
Restfarben Türkis, Violett. Als
neue Hauptfarben wurden Gelb,
Marine, Atlantik und Orange
aufgetropft.

Nach dem Trocknen die Marmorpapiere wie folgt zuschneiden:

Quadratische Dose

1. Maße des Deckelquadrats +
Rand + ½ cm Zugabe
2. Maße des Bodens + ½ cm Zugabe
3. Umfang + ½ cm Zugabe in
Länge und Höhe für die Dosenwand.
Den Deckel und den Boden beziehen. Danach das Papier für
die Dosenwand aufkleben
(Abb. 1).

Herz- und Ovaldose

1. Deckelfläche + ½ cm Zugabe
2. Deckelrand + ½ cm Zugabe
3. Boden + ½ cm Zugabe
4. Wand + ½ cm Zugabe in Länge und Höhe.

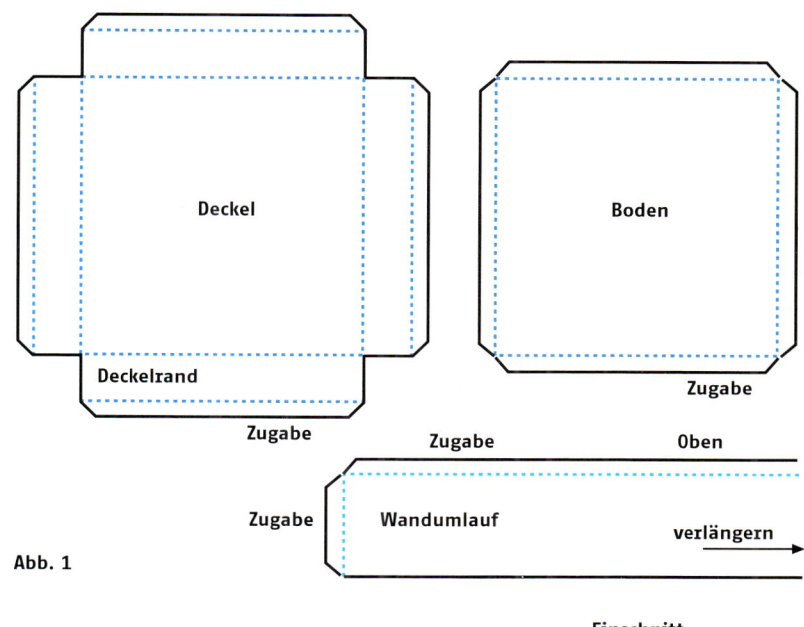

Abb. 1

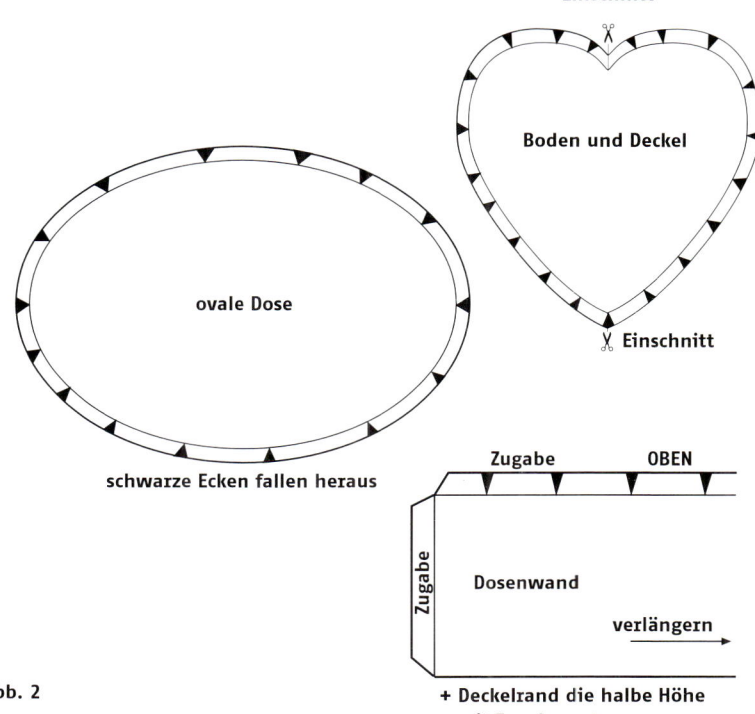

Abb. 2

Die Zugaben einschneiden, damit
sich das Papier beim Verkleben
an den Rundungen übereinander
legt und keine Falten bildet
(Abb 2).

Nach dem Trocknen die Dosen
zum Schutz mit Klarlack besprühen.

Ursprünglich wurde die Marmormalerei als preiswerter Ersatz für echten Marmor entwickelt – so bemalte man beispielsweise in ländlichen Kirchen Balustradensäulen mit Marmorimitaten. Doch alsbald entwickelte sich diese Verlegenheitslösung zu einer eigenständigen Dekorationstechnik, die vielerorten eingesetzt wird. Ebenso vielfältig wie die Anwendungsmöglichkeiten sind die Materialien, die bei der Marmormalerei benutzt werden können.

Werkzeug und Material

Pappteller
Auf einem Pappteller werden die Farben zum Tupfen aufgetragen

Schwämme
Mit Schwämmen wird die Farbe auf das zu bemalende Objekt aufgetragen.

Farben
Für die Marmormalerei werden Acryl- und Bastelfarben verwendet. Kerzenmalmedium dient ei-

ner besseren Haftung der Farben auf Wachskerzen. Auch mit Window Color ebenso wie mit Kerzenstift-Wachs lassen sich erstaunliche Marmormalereien erzielen.

Holzstöckchen
Mit Holzstäbchen können Sie Farben mit Kerzenmalmedium verrühren, Kerzenstift-Wachs und Acrylfarben verziehen.

Küchenkrepp
Klopfen Sie die Farbe auf Küchenkrepp in die Schwämme ein, damit die Schwammstruktur erhalten bleibt.

Pinsel, Schwammpinsel
Feine Haarpinsel werden zum Malen der Marmoradern benötigt, dickere beziehungsweise Schwammpinsel zum Verteilen der Grundfarben.

Hühnerfeder
Mit einer Hühnerfeder können Sie die feine Maserung des Marmors malen.

Sonstiges
Wasserbecher und Lappen zum Säubern der Pinsel.

Lacke
Mit Lacken auf Wasserbasis werden die Objekte geschützt. Durch einen mehrmaligen Auftrag kön-

Tipp
Decken Sie den Arbeitsplatz statt mit altem Zeitungspapier mit Folie ab. So klebt das bemalte Bastelobjekt beim Trocknen mit den Farbrändern nicht am Papier fest. Die Folie lässt sich ohne Rückstand einfach abziehen.

nen Sie eine besondere Tiefenwirkung erzielen.
Wachslack erzeugt auf Kerzen den typischen Marmorglanz.

Für die Marmormalerei geeignete Objekte
Kerzen, Pappformen, Terrakottatöpfe, Schmuck, Holz- und Kunststoffartikel lassen sich mit der Marmormalerei hervorragend gestalten.

So wird's gemacht

Decken Sie als Erstes den Arbeitsplatz mit Folie ab. Geben Sie anschließend die benötigten Farben auf den Pappteller, ohne diese dabei zu vermischen. Möchten Sie Kerzen bemalen, so geben Sie Kerzenmalmedium im Verhältnis 1:1 zu den Farben und verrühren Medium und Farben mit einem Holzstäbchen. Dank des Kerzenmalmediums lässt sich die Farbe auf den Kerzen besser verteilen. Einen porösen Naturschwamm können Sie sofort zum Betupfen benutzen; einen glatten

Schwamm bereiten Sie hingegen folgendermaßen vor: Zupfen Sie mit den Fingerspitzen Löcher in den Schwamm. So bekommt er eine strukturierte Oberfläche, nimmt unregelmäßig Farbe auf und hinterlässt beim Tupfen automatisch eine uneinheitliche Farbfläche. Einen Naturschwamm vor der Farbaufnahme befeuchten, da er im trockenen Zustand zu hart ist. Drücken Sie ihn in einem Lappen sehr gut aus, damit beim Betupfen die Farben nicht verwässern oder verlaufen. Grundsätzlich mit der hellsten Farbe beginnen und mit Schwamm oder Pinsel auf der ganzen Objektfläche verteilen. Danach werden die dunkleren Farben als Schattierung unregelmäßig in die helle Farbe getupft. Je nach gewünschtem Effekt haben Sie verschiedene Möglichkeiten, die Farben aufzutragen:

1. Nehmen Sie mit einem kleinen Schwamm etwas Farbe vom Teller, tupfen Sie auf einer freien Tellerfläche oder auf einem Küchenkrepp einen Teil der Farbe wieder ab, damit die Farbe gebrochen auf dem Objekt aufgebracht wird. Eine Schattierung nach der anderen wird so aufgetragen (Abb. 1). Siehe auch Kerzen auf S. 44.

2. Alle Schattierungsfarben werden zugleich auf einen großen gezupften flachen Schwamm genommen und locker auf die Grundierung getupft. (Abb. 2). Siehe auch Säule und Bilderrahmen auf S. 56.

Bei der ersten Variante können Sie mit einer Schwammkante eine Kontrastfarbe an den entstandenen Flächenrändern auftupfen (Abb. 3).

Bei beiden Varianten können mit einem feinen Pinsel oder einer Hühnerfeder zusätzlich Linien gezogen werden, die feine Marmoradern imitieren (Abb. 4).

Als dritte Variante wird eine Farbe großflächig dick auf das zu gestaltende Objekt aufgetragen und mit andersfarbigen Punkten und Linien versehen (Abb. 5). Sodann mit einem Stöckchen diese Linien und Punkte in der feuchten Untergrundfarbe verziehen (Abb. 6)

Nachdem die Farbe gut getrocknet ist, lackieren Sie Kerzen mit Kerzenwachslack; Objekte, die im Freien stehen, lackieren Sie mehrmals mit wetterfestem Lack. Für alle anderen Dekorationsstücke reicht ein einfacher transparenter Lack auf Wasserbasis. Durch mehrere Lackschichten entsteht eine besondere Tiefenwirkung. Lassen Sie die einzelnen Schichten jedes Mal gut durchtrocknen.

Schwämme und Pinsel sollten nicht über längere Zeit mit Farbe liegen bleiben, sondern immer gut ausgewaschen werden, damit sie gebrauchsfähig bleiben.

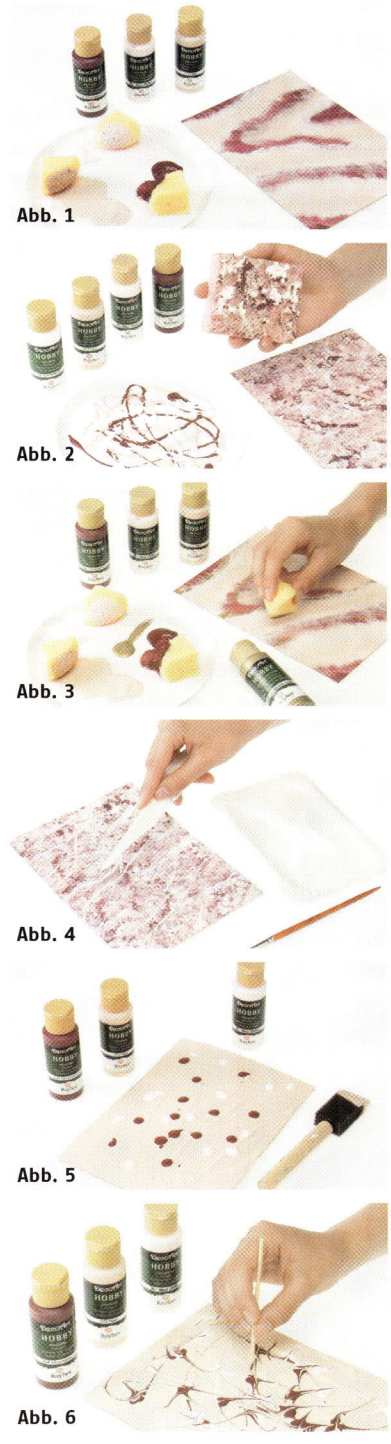

Abb. 1

Abb. 2

Abb. 3

Abb. 4

Abb. 5

Abb. 6

Tipp

Mit der Marmormalerei können Sie auch alte Möbel verschönern. Dabei sollte die Oberfläche angeraut und staubfrei sein, bevor Sie mit der Gestaltung beginnen.

Kerzen mit Acrylfarben

■ Material

4 dicke Kerzen unterschiedlicher Größe, Kerzenmalmedium, Acrylfarben matt Elfenbein, Braun, Brombeere, Lindgrün, Metallicgold, Pappteller, 5 kleine Schwämme, Holzstäbchen, Pinsel, Wasserbecher, Lappen, Wachslack, Pinselreiniger

Decken Sie die Arbeitsfläche mit Folie ab. Geben Sie die Farben und Kerzenmalmedium im Verhältnis 1:1 auf den Teller und verrühren Sie beides miteinander. Nehmen Sie mit dem Schwamm die Farbe auf und tupfen Sie sie auf einer freien Tellerfläche gleichmäßig in den Schwamm. Beginnen Sie bei jeder Kerze mit dem Farbton Elfenbein. In diesen noch feuchten Auftrag jeweils die zweite Farbe auftupfen. So entstehen schmale und breite geschwungene Streifen und kleine abgeschlossene spitze Flächen. Als dritten Schritt tupfen Sie mit einer Schwammkante das Gold an den entstandenen Farbrändern auf. Dabei die Schwammkante nur leicht aufdrücken. Mit dem Pinsel werden nun Marmorlinien aufgemalt. Folgen Sie dabei den entstandenen Farbkanten. Waschen Sie anschließend Schwämme und Pinsel gut mit Wasser aus. Nach dem Trocknen der Farben (ca. 30 Minuten) die Kerzen mit Wachslack lackieren und den Pinsel mit Reiniger säubern.

Schmuck mit Acrylfarben

■ Material

Verschiedene Schmuckrohlinge
Acryl- oder Bastelfarben in
Weiß, Rot, Blau
Stöckchen

Achteckige Brosche

Füllen Sie die Brosche mit
weißer Farbe. An der oberen
und unteren Kante geben Sie rote Tropfen und in der Mitte
blaue Tropfen in das Weiß. Ziehen Sie mit dem Hölzchen zuerst
in der Waagerechten und dann
in der Senkrechten eine Zick-
zacklinie durch die Punkte.

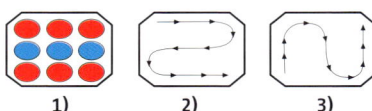

Ohrringe

Füllen Sie die Ohrringe mit
weißer Farbe. Tropfen Sie einen
roten Punkt in die Mitte. In den
roten Punkt tropfen Sie blaue
Farbe. Ziehen Sie mit dem
Stöckchen sternförmig Linien
von innen nach außen.

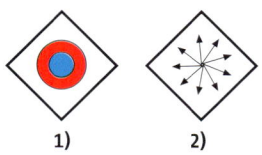

Anhänger

Füllen Sie den Anhänger mit roter Farbe. Tropfen Sie versetzt
vier weiße Punkte hinein. In die
weißen Punkte geben Sie blaue
Farbe.

Ziehen Sie mit dem Stöckchen
eine S-Kurve durch die Punkte.
Wischen Sie das Hölzchen ab
und ziehen Sie einzelne Spitzen
Weiß/Blau in das Rot. Mithilfe
der Hölzchenspitze tupfen Sie
weiße Pünktchen in das Rot.

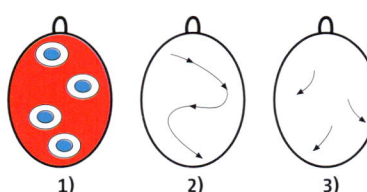

Haarspange

Die Haarspange mit roter Farbe
füllen. Verteilen Sie weiße Punkte am Rand der Spange und in
die weißen Punkte blaue Farbe.
Ziehen Sie mit dem Stöckchen
eine Schlangenlinie durch die
Farbpunkte. Das Stöckchen abwischen und einzelne Spitzen
Blau/Weiß in das Rot ziehen.
Mithilfe des Stöckchens werden
einzelne weiße Punkte aufge-
setzt.

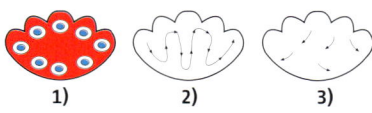

Brosche Blütenform

Die Brosche mit blauer Farbe
füllen. Zuerst weiße und in diese wiederum rote Farbtropfen in
die Blütenbogen und in die Mitte der Fläche geben. Die einzelnen Punkte mit dem Hölzchen
sternförmig auseinander ziehen.
Von der Mitte der Brosche nach
außen eine Spirale und danach
von außen nach innen sternför-

mig Linien ziehen. In die Mitte
der Brosche wird noch einmal
ein weißer Tropfen Farbe gege-
ben. Ziehen Sie diesen Tropfen
sternförmig auseinander.

1) und 2)

3)

4) und 5)

Die Farbe in den Schmuckteilen über Nacht trocknen lassen. Haben Sie mit matten Farben gemalt, dann lackieren Sie abschließend die Schmuckstücke.

Achtung!
Das Stöckchen unbedingt jedes Mal abwischen!

Window-Color-Gartenkugeln

■ Material

Weiße Kunststoffkugeln ⌀ 13 cm und 10 cm,

Holzstäbe 1 m lang, 2 x ⌀ 8 mm und 1 x ⌀ 15 mm,

Window-Color-Farbe Diamant-blau, Sonnengelb, Rubinrot, Wasserfester, farbloser Lack auf Wasserbasis,

1 m kariertes Drahtkantenband, 4 cm breit,

2 m kariertes Drahtkantenband 2,5 cm breit,

je 4 m Satinband 6 mm breit Blau, Gelb, Rot,

Kreppwickelband,

Stöckchen,

Bindedraht, Heißkleber,

Schere, Seitenschneider,

Pinsel, Wasserbecher,

Lappen, Zeitungspapier

Die Kunststoffkugeln auf Holzstäbe stecken, eventuell festkleben. Die erste Window-Color-Farbe auf die Kugeln tropfen und mit dem Pinsel verteilen. Dabei den Pinsel locker ohne Druck über die Farbe streichen. Den Pinsel sofort mit Wasser auswaschen.

Die jeweils zweite Farbe spiralförmig in die feuchte Farbe träufeln. Drehen Sie dazu die Kugel auf dem Stab mit der einen Hand, während Sie mit der anderen die Farbe in einem dünnen Strahl aus der Flasche laufen lassen.

Ist die Malfarbe sehr flüssig, reicht es aus, die Kugel danach in ein Gefäß zum Trocknen zu stellen. Die Marmorierung entsteht, wenn die Farbe an der Kugel herunterfließt. Legen Sie Zeitungspapier zum Schutz vor Tropfen darunter.

Ist die Malfarbe fest und läuft nicht von allein, streichen Sie mit dem Holzstäbchen quer zur Spirallinie und ziehen die zweite Farbe in die erste. Zum Trocknen in ein Gefäß stellen.

Ist die Farbe getrocknet, können Sie entstandene „Farbnasen" und heruntergelaufene, getrocknete Farbe am Stiel entfernen. Bevor Sie Ihre Kugeln in den Garten stellen, sollten Sie diese mit wasserfestem Lack schützen, da Window-Color-Farben nicht wetterfest sind.

Den Stab mit Kreppwickelband umwickeln und die gedrahteten Schleifen und Bänder am Stab mit Heißkleber befestigen.

Gebundene Schleifen

Legen Sie das Band wie bei einem Schal über Kreuz, raffen die Mitte zusammen und umwickeln sie mit Draht. Die Enden der Schleifenbänder werden schräg angeschnitten. Bei schmalen Bändern als Einzel-, bei breiten auch als Doppelspitze.

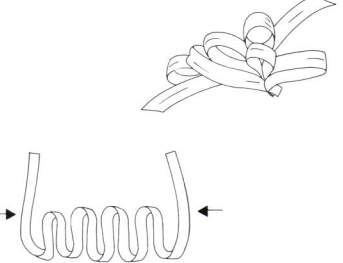

Gestalten mit dem Kerzenstift

Mit dem Kerzenstift eröffnet sich eine neue Dimension rund um das Thema Kerzengestaltung. Für festliche Anlässe oder als Geschenkidee lassen sich Kerzen nunmehr kinderleicht dekorieren – und nicht zuletzt auch marmorieren.

Der Kerzenstift enthält flüssiges Wachs zum Bemalen und Beschriften; Sie finden ihn in matten und metallisch glänzenden Farben. Die zunächst milchigen Farben zeigen erst nach dem Trocknen ihren vollen, etwas dunkleren Farbton. Auch die Metallicfarben erhalten ihren speziellen Glanz erst, sobald sie getrocknet sind.

Generell sind die Stifte sehr ergiebig und einfach anzuwenden. Auf Wasserbasis und ohne Lösungsmittel, sind sie ungiftig, weswegen Sie sich auch zum Basteln mit Kindern eignen. Dank ihrer zähflüssigen Konsistenz können Sie mit den Kerzenstiften hervorragend reliefartige Linien ziehen – eine unverzichtbare Eigenschaft, um mit den Farben Marmormuster zu erzielen.

■ Material
Verschieden große Kerzen in unterschiedlichen Farben, Nadel, Kerzenstifte in verschiedenen Farben, Lappen, Holzstöckchen, Borstenpinsel, Wachslack, Reiniger, Zeitungspapier

So wird's gemacht

Zeichnen Sie mit einer Nadel das von Ihnen ausgewählte Grundmotiv auf die Kerze (siehe entsprechende Zeichnungen). Bei den geraden, runden und schlangenförmigen Motiven genügt jeweils eine Linie als Anhaltspunkt. Arbeiten Sie nun das vorgezeichnete Motiv mit den gewünschten Kerzenstift-Farben nach. Bereits getrocknete Farbproben auf einem Stück Papier helfen bei der Auswahl.

Den Stift öffnen und durch leichten Druck die Farbe auftragen. Dabei die Spitze nicht direkt auf die Kerze setzen, sondern leicht schwebend die Farbe herauslaufen lassen. Andernfalls entstehen Wachsspäne, wenn der Stift über die Kerze kratzt. Lässt der Druck Ihrer Finger nach, so stoppt auch der Farbauslauf. Nun die anderen Farben nacheinander neben die erste Farbe auftragen.

Den Stift nach jedem Gebrauch schließen. Ist der Stift einmal verstopft, die Spitze mit einer Stecknadel aufstechen.

Das Holzstöckchen dem gewünschten Muster entsprechend durch die Farben ziehen (siehe Zeichnungen).

Sollte Ihnen das Ergebnis nicht gefallen, die Malerei sofort mit warmem Wasser abspülen. ACHTUNG: Niemals trocken abwischen! Es bleiben sonst Farbspuren zurück.

Die Malerei über Nacht trocknen lassen. Soll die Kerze glänzen,

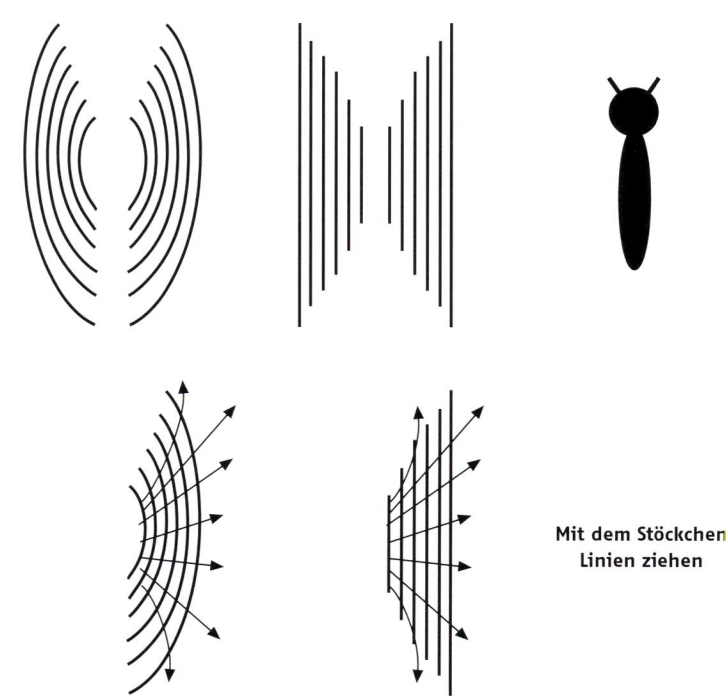

Mit dem Stöckchen Linien ziehen

mit Wachslack lackieren. Den Lackpinsel mit Reiniger säubern. Generell sind die Malereien stoß- und kratzempfindlich. Schützen Sie sie bei einem Transport am besten mit Frischhaltefolie und legen Sie Ihren Kerzenvorrat geschützt in den Schrank.

Schmetterlinge

Die Motive aus der freien Hand mit einer Nadel auf der Kerze markieren. Vorzeichnungen mit dem Kerzenstift nachmalen und mit dem Stäbchen die Farben von innen nach außen ziehen. Anschließend den Körper zwischen die Flügel malen und die Fühler mit dem Holzstäbchen aus dem Kopf ziehen (siehe Abbildung).

Farbenbeispiele

Weiße Kerze rechts: Schwarz und Weiß für die Flügel. Blau, Gelb, Rot und Grün für die Körper.
Zweite weiße Kerze von rechts: Schwarz, Gelb, Grün, Rot, Schwarz und Gelb für die Flügel. Braun für die Körper.
Weiße Kerze links: Gelb, Blau, Rot und Grün für die Flügel. Schwarz für die Körper.
Dunkelblaue Kerze: Weiß, Gelb, Hellblau, Dunkelblau.
Orangefarbene Kerze: Apricot, Orange, Gelb, Grün.
Stäbchen beim Verziehen nicht abwischen. Erst säubern, wenn die Körper gemalt werden. Die Schmetterlinge spiralförmig um die Kerze anordnen.

Gestalten mit dem Kerzenstift – Blumen

Mithilfe einer Nadel die gewünschte Anzahl der Blumen auf der Kerze markieren. Daraufhin mit dem Kerzenstift Ihrer Wahl den Mittelpunkt der Blume malen. Um den Mittelpunkt herum farbige Kreise auftragen und mit dem Stäbchen von innen nach außen ziehen. Dabei sollte die Spitze des Holzstäbchens auf einem bereit gehaltenen Lappen zwischen den einzelnen Zügen stets aufs Neue abgewischt werden.

Blumen

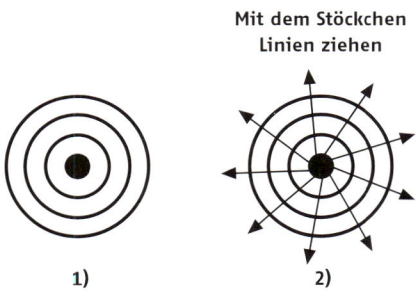

Mit dem Stöckchen Linien ziehen

1)   2)

Blätter

2 Farben abwechselnd   Mitte zuletzt!

 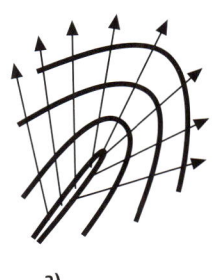

1)   2)

Farbenbeispiele

Weiße Kerze hinten links: Apricot, Orange, Braun, Apricot. Einzelne Punkte zwischen die Blüten setzen.

Weiße Kerze hinten rechts: Gelb, Grün, Blau, Rot.

Naturfarbene Kerze, zweite von links: Blau, Rot, Kupfer, Blau in unterschiedlicher Reihenfolge abwechselnd. Abschließend Punkte um die Blüten zwischen die Spitzen setzen.

Apricotfarbene Kerze vorne rechts: Kupfer, Rot. Die Blümchen mit einer Pünktchenschlange verbinden.

Altrosa Kerze hinten Mitte: Blau, Rot, Schlangenlinie mit kupferfarbenen Pünktchen.

Die bislang vorgestellten Marmormotive lassen sich auch sehr schön zu einer bildhaften Malerei zusammenstellen:

Gelbe Kerze vorne links: Hellgrün, Grün, Braun (Blätterranke), Weiß, Gelb, Blau (Blüte). Zuerst die Blätter und Blüten malen. Mit der braunen Farbe eine Linie zwischen die Blätter malen und beides mit kleinen Strichen verbinden. In größere Zwischenräume kleine Stiele malen.

Hellblaue Kerze vorne zweite von rechts, Schmetterling: Blaumetallic, Schwarz, Blaumetallic, Rot, Schwarz, Gelb, Blaumetallic, Schwarz. Er sitzt auf einem Blätterzweig mit Knospen (Hellgrün und Grün). Nach dem Schmetterling malen Sie zuerst die Blätter, danach den Zweig als Verbindung ziehen und die Knospen zeichnen. Die Spitzen etwas herausziehen.

Tipps

● Möchten Sie die Kerze rundherum verzieren, nehmen Sie sich ausreichend Zeit. Arbeiten Sie stets in mehreren Etappen, damit Sie nichts verwischen.

● Verschmierte Farbränder sofort mit einem Wattestäbchen entfernen. Ist die Farbe schon getrocknet, mit einem Messer abschaben.

● Um ein Handzittern beim freien Malen zu verhindern, legen Sie den Oberarm an den Körper und malen Sie aus dem Handgelenk heraus.

Achtung!

● Die Farben nicht in die Augen wischen.

● Farbflecken in der Kleidung vor dem Trocknen auswaschen, da sie sonst kaum noch zu entfernen sind.

● Kerzen niemals ohne Aufsicht brennen lassen.

Gestalten mit dem Kerzenstift – Abstrakte Linienmuster

Wenn Sie die Motive nicht aus der freien Hand markieren möchten, können Sie diese auch mit einer Übertragungsfolie (Beschriftungsfolie) vormalen. Pausen Sie hierzu die abgebildeten Vorzeichnungen mit Transparentpapier ab. Kleben Sie die Übertragungsfolie unter das Transparentpapier, legen beides zusammen auf die Kerze und zeichnen mit einem Bleistift das Motiv auf dem Papier nach. Dadurch überträgt sich eine feine Linie auf die Kerze.

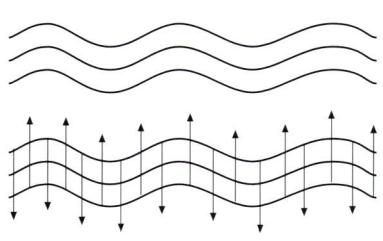

Schlangenlinie

Mit dem Stöckchen Linien ziehen

Als Anhaltspunkt für die Linienmalereien genügt generell eine Hilfslinie. Von dieser ersten Linie ausgehend, malen Sie zu beiden Seiten die anschließenden Farben. Nachdem alle Farben aufgetragen wurden, mit dem Hölzchen von rechts nach links und umgekehrt durch die Farben ziehen. WICHTIG: Das Holz zwischen den einzelnen Zügen jedes Mal abwischen.

Farbenbeispiele

(von links nach rechts)
Hellrote Kerze: Senkrechte – mit dem Stäbchen zwei rechts, zwei links verzogen; Blau, Gelb, Grün, Blau, Gelb, Grün. Umlaufendes Band – nur nach oben oder unten verzogen Gelb, Blau, Gelb, Grün, Gelb.
Weiße Kerze: Lange gerade Linie;

Rot, Gelb, Blau, Rot, Gelb, Blau.
Dunkelblaue Kerze: Schlangenlinie; mit dem Stäbchen in beide Richtungen verzogen; Hellblau, Weiß, Blau, Hellblau Weiß.
Lavendelfarbene Kerze: Wie ein Schrägband um die Kerze gemalt; mit dem Stäbchen eng verzogen; Weiß, Flieder, Blau, Flieder, Weiß.
Weiße Kerze: Kurze Linien; Grün, Blau, Rot, Gelb, Rot.
Grüne Kerze: Gleichmäßige Stäbchenzüge; Hellgrün, Weiß, Grün, Weiß, Hellgrün.
Gelbe Kerze: Gerade Linie mit variierten Stäbchenzügen; Weiß, Gelb, Weiß, Orange, Weiß, Gelb, Weiß. Variante der Stockzüge: Wie bei einem Tausendfüßler nur in eine Richtung die Farbe ausziehen.
Dunkelrote Kerze: Ein umlaufendes Band gemalt; mit dem Stäbchen gleichmäßig verzogen; Apricot, Weiß, Rot, Weiß, Apricot, Weiß, Rot, Weiß, Apricot.

Tipp
- Möchten Sie einen Kreis um die Kerze ziehen, so drehen Sie diese mit der einen Hand, während Sie den Stift mit der anderen Hand an die Kerze halten und die Farbe herausdrücken. So entsteht ein gleichmäßiger Kerzenring.
- Lässt sich eine rundherum bemalte Kerze zum Trocknen nicht aufstellen, dann lehnen Sie sie mit der Spitze an einen Karton. Den Fuß feststellen, damit sie nicht abrutscht.

Gestalten mit dem Kerzenstift – Flächenmarmorierungen

Neben den bislang vorgestellten Motiven lassen sich mit dem Kerzenstift auch Vollflächen ohne größeren Aufwand, aber mit umso erstaunlicheren Ergebnissen marmorieren.

Kerze links: Die gesamte Kerze mit waagerechten Wachslinien bedecken. Bei der hier abgebildeten Arbeit wurden folgende Farben verwendet: Rot, Grün, Gelb, Blau, Orange im Wechsel. Die Wachslinien mit dem Stäbchen in der Senkrechten gleichmäßig verziehen. Möchten Sie auch die Kerzenspitze farbig gestalten, so bedecken Sie diese mit Farbpünktchen, die Sie mit dem Stäbchen deckend verstreichen. Die Kerze sollte in mehreren Etappen bemalt werden.

Kerze Mitte: Die Kerze zur Hälfte mit blauer Wachsfarbe bedecken. Dazu aus dem Stift die Farbe drücken und mit einem Borstenpinsel tupfend verteilen. Sodann orange und gelbe Farbe unregelmäßig in die blaue Farbe träufeln und mit dem Stäbchen kreuz und quer verziehen. Einen Punkt rote Farbe in die Malerei drücken, mit dem Stäbchen etwas vergrößern und Blumenspitzen herausziehen (s. S. 53). Einen gelben Farbpunkt in die Blütenmitte setzen. Die Malerei mit roter Wachsfarbe einrahmen.

Kerze rechts: Die Kerze zur Hälfte mit hellgrüner Wachsfarbe bedecken. Dazu die Farbe aus dem Stift drücken und mit einem Borstenpinsel tupfend verteilen. Blaue und grüne Farbe unregelmäßig einträufeln und mit dem Stäbchen in der Grundfarbe kreuz und quer verziehen. Den Rand mit sich abwechselnden blauen und grünen Pünktchen einrahmen. Drei orangefarbene Punkte einsetzen.

Tipp
Den Borstenpinsel können Sie säubern, indem Sie ihn auf Zeitungspapier ausstreichen und mit warmem Wasser und Seife auswaschen.

Säule und Bilderrahmen

■ Material

Pappmacheesäule, Holzbilderrahmen 22,5 x 22,5 cm (innen 15,5 x 15,5 cm), Acrylfarbe matt Rosa Chiffon, Englisch Rosa, Erika, Weiß, Serviettenmotiv, Kaffeetasse, Mod Podge, Decoupage Finish (Lack auf Wasserbasis), Pappteller, Schwammpinsel, Schwamm, Wasserbecher, Lappen, Pinsel, Feder, Schmirgelschwamm oder -papier, Schere, Abstandsklebeband, Folie

Als Erstes die Arbeitsfläche gut mit Folie abdecken. Sodann Säule und Rahmen mit Rosa Chiffon einstreichen. Farbe trocknen lassen.

> **Achtung!**
> Ist das Holz des Rahmens sehr frisch, wässern Sie es vorher und lassen es beschwert trocknen, da es sich sonst beim Bemalen verzieht.

Nach dem Trocknen der ersten Schicht den Bilderrahmen schmirgeln und ein zweites Mal streichen. Den Schwamm auszupfen und anfeuchten (siehe S. 43).
Auf den Pappteller mit Englisch Rosa und Erika mehrere Farbkreise kreuz und quer spritzen. Darüber weiße Farbtropfen verteilen. Nicht umrühren. Nun die gezupfte Schwammseite leicht

auf die Farbe drücken. Nicht herunterdrücken! Die Farbe mit leicht klopfenden Bewegungen auf die Säule und den Rahmen übertragen. Die Untergrundfarbe sollte teilweise sichtbar bleiben. Achten Sie unbedingt darauf, dass der Auftrag nicht zu einem „einheitlichen" Farbbrei wird. Sollte dies dennoch der Fall sein, so säubern Sie Schwamm und Teller und beginnen von Neuem.
Sobald der Farbauftrag getrocknet ist, können Sie mit Pinsel oder Feder weiße Marmoradern aufzeichnen. Adern trocknen lassen.
Als Nächstes Rahmen und Säule vollständig mit Mod Podge einstreichen. In die Mitte des Rahmens eine zugeschnittene Viertelserviette kleben. Nach dem Trocknen der ersten Mod-Podge-Schicht auf Rahmen und Säule vier weitere Schichten Leim auftragen. Zwischen jeder Schicht die angegebene Trockenzeit einhalten und den Pinsel gut mit Wasser auswaschen. Abschließend Decoupage Finish oder Glanzlack auf Wasserbasis auftragen.
Für das gerahmte 3-D-Bild ein weiteres Viertel der Serviette mit Papier verstärken (verkleben). Sodann die Tasse ausschneiden und mit Abstandsklebeband deckungsgleich auf das zuvor im Rahmen fixierte Serviettenmotiv aufkleben (weiterführende Literatur zur 3-D-Technik siehe Anhang S. 64).

Neben den bereits vorgestellten Techniken des Marmorierens auf Kleister oder den verschiedenen Spielarten der Marmormalerei können Sie mit Öl-, Lack- sowie Terpentinfarben auch auf Wasser marmorieren.

Diese Technik bedarf keiner langen Vorbereitungszeit und eignet sich dementsprechend sehr gut für schnelle Marmorierungen, bei denen es nicht auf feine, gezielte Muster ankommt.

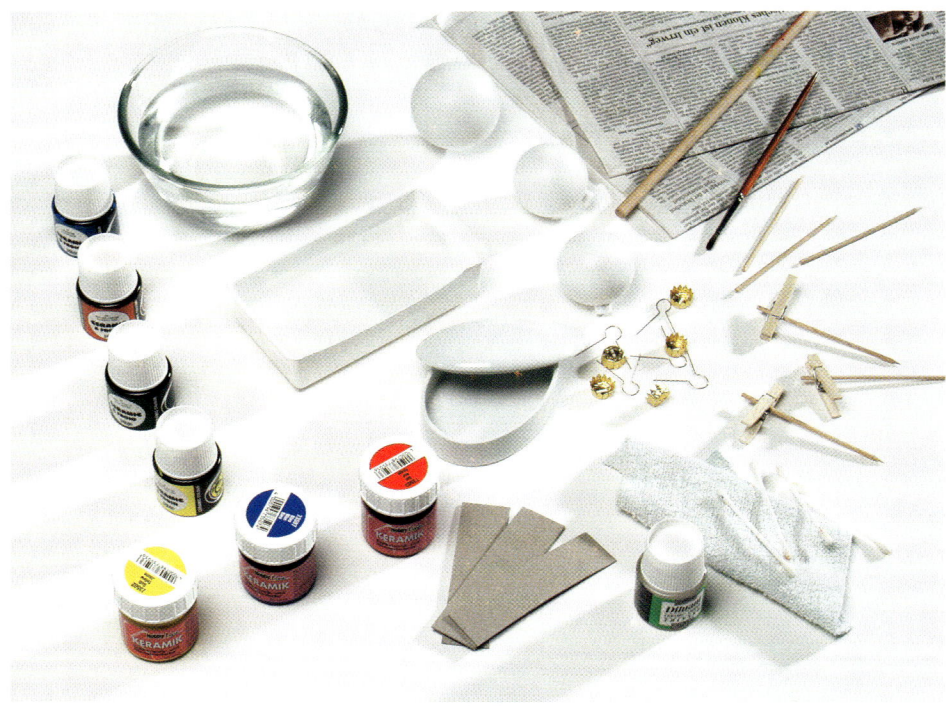

Werkzeug und Material

Zeitungspapier
Sie sollten die Arbeitsfläche stets mit Zeitungspapier gut schützen.

Pappreste
Pappreste werden zum Abziehen der Wasseroberfläche benutzt, um alte Farbreste zu entfernen.

Marmorierbecken
Alte Plastikeimer, große Quark- oder Joghurtbecher sind ideale Marmorierbecken, da sie nach der Arbeit nicht mehr für andere Zwecke benutzt werden können.

Holzstöckchen
Mit Holzstöckchen wird die Farbe umgerührt, auf die Wasseroberfläche getropft und das Marmoriermuster verzogen.

Terpentinfarben
Im Bastelfachhandel gibt es Kaltkeramik- und Marmorierfarben auf Terpentinbasis. Sie lösen sich im Wasser nicht auf und können somit obenauf schwimmen. Dies ist unverzichtbare Voraussetzung, damit der zu marmorierende Gegenstand die Farbe aufnimmt.

Alle Arbeitsgeräte für Terpentinfarben müssen mit Terpentinersatz gereinigt werden.

Lösungsmittelhaltige Lackfarben
Im Bastelfachhandel erhalten Sie Kaltkeramikfarben auf Lösungsmittelbasis. Sie können aber auch Nagellack und alle anderen nicht wasserlöslichen Farben benutzen, die auf glatten Oberflächen haften. Alle für lösungsmittelhaltige Lackfarben verwendeten Arbeitsgeräte müssen mit Lackreiniger gesäubert werden.

Achtung!
Wenn Sie mit Kindern arbeiten, schützen Sie deren Kleidung sorgfältig vor Farbe. Verwenden Sie Holzspieße und Klammern als Marmorierhilfe, um Kinderhände vor Farbe zu schützen. Falls doch einmal Farbe an die Haut gelangt, cremen Sie diese nach dem Säubern gut ein.

So wird's gemacht

Da sich die Marmorierbecken nicht mehr für andere Zwecke benutzen lassen, sollten Sie vorzugsweise ausrangierte Behälter verwenden. Besonders gut eignen sich alte Glasschalen, Eimer oder leere Quark- und Joghurtbecher zum Marmorieren auf Wasser.

Als Erstes die Arbeitsfläche mit altem Zeitungspapier sorgfältig abdecken. Möchten Sie Kugeln oder Eier tauchen, wählen Sie ein Marmoriergefäß, das 4 cm höher und doppelt so breit ist wie der zu marmorierende Gegenstand. Füllen Sie das Gefäß bis 2 cm unter den Rand mit Wasser.

Die jeweilige Farbe sehr gut mit einem Stöckchen umrühren. Anschließend die Farbe mit dem Stöckchen auf die Wasseroberfläche tropfen (Abb. 1).

Mit Terpentin- bzw. Lackfarben lassen sich nur schwer exakte Tropfen auf die Oberfläche bringen. Bewegen Sie das Stäbchen über der Wasseroberfläche, während die Farbe vom Stab läuft. Es entstehen Tropfen und Schlangenlinien, die Farbe sinkt ein, kommt aber sofort wieder an die Oberfläche. Mit einem sauberen Stöckchen die Farben nun zum Marmormuster verziehen.

Grundsätzlich sollten Sie zügig arbeiten, da sonst die Farbe zur Haut erstarrt und sich nicht mehr verziehen lässt. Tritt dies dennoch ein, dann entfernen Sie die Farbe mit einem Pappstreifen vollständig von der Wasseroberfläche und beginnen einfach von Neuem.

Für flache Gegenstände wie Porzellandosendeckel oder Papier kann das Becken flach und nur etwas größer als der Gegenstand sein.

Eier und Kugeln werden zum Tauchen auf Holzstäbe gesteckt. Halten Sie dabei den Stab mit Ei oder Kugel senkrecht über das Becken, drücken Sie den Gegenstand unter Wasser und ziehen ihn sofort wieder heraus (Abb. 2). An den feuchten marmorierten Objekten haften kleine Luftbla-

Achtung!
Den Tauchvorgang in einem Zuge ausführen, da Unterbrechungen der Bewegung störende Farbkanten verursachen.

sen. Diese stören den Gesamteindruck im getrockneten Zustand nicht, sondern sorgen im Gegenteil für besondere Effekte. Dicke Farbblasen können mit einem Stäbchen noch etwas verzogen werden.

Zum Trocknen die Arbeiten in ein Gefäß stellen. Unterlage mit Zeitungspapier schützen. Flache Gegenstände zum Trocknen auf Folie legen.

Die Wasseroberfläche mit einem Pappstreifen säubern. Streichen Sie dazu die Farbe an den Gefäßrand. Nun können Sie die nächsten Farben auftropfen und einen weiteren Gegenstand marmorieren.

Lackfarben glänzen etwas stärker als Terpentinfarben. Letztere müssen außerdem länger trocknen, bevor sie nicht mehr kleben.

Abb. 1

Abb. 2

Marmorierte Ostereier

■ **Material**

Plastikeier ∅ 6 cm (wahlweise
auch ausgeblasene Eier)
Lackfarben Gelb, Türkis, Violett,
Lavendel,
Marmorierbecken,
Holzstöckchen,
Tauchstäbe,
Reiniger, Lappen,
2 Holzstangen ∅ 5 mm, 1 m
lang, Seitenschneider, Anspitzer,
Heißkleber,
Kreppwickelband, Schere,
Bindedraht,
pro Ei 60 cm Organzaband,
4 cm breit,
pro Ei 2 m Satinband, 3 mm breit

Eier am Stiel

Decken Sie den Arbeitsplatz mit
Zeitungspapier ab und stecken
Sie die Eier auf die Tauchstäbe.
Ausgeblasene Eier werden mit
Kaugummi oder Knete am Stab
gehalten. Die Farben mit den
Holzstäbchen gut umrühren und
mit den Stöckchen auf die Wasseroberfläche des gefüllten Marmorierbeckens tropfen. Die Farben verziehen und die Eier
tauchen. Beim Tauchen darauf
achten, dass das Ei nicht zur
Seite „wegrutscht". Die Eier in
ein Gefäß stellen und nach dem
Trocknen wunschgemäß dekorieren.
Die Holzstangen werden geteilt

– 2 x 50 cm, 2 x 35 cm, 1 x 30
cm – angespitzt und mit Heißkleber in die Eier geklebt. Mit
Kreppwickelband umwickeln
und mit gedrahteten Schleifen
verzieren (siehe Gartenkugeln S.
48).

■ **Material**

Plastikeier ∅ 6 cm (wahlweise
auch ausgeblasene Eier)
Terpentinfarben Rot, Grün, Gelb,
Blau,
Marmorierbecken,
Holzstäbchen,
Tauchstäbe,
Reiniger, Lappen,
Aufhänger pro Ei, 50 cm Satin-
band 3 mm breit

Für das Osternest statt Aufhänger: Perlkappen 1 cm, Heißkleber, Osternest

Hängende Eier und Osternest

Für die Marmorierungen siehe „Eier am Stiel". Anschließend Kunststoff- oder Drahtaufhänger in das Eiloch stecken, Aufhängeband einfädeln, doppelt legen und auf der Hälfte einen Knoten schlagen. Mit den Enden auf diesen Knoten eine Schleife binden und diese zum Aufhänger ziehen und festkleben.
Beim Osternest die Perlkappen über dem Loch flachdrücken und mit Heißkleber befestigen.

Porzellandosen

■ Material

Weiße Porzellandosen, Kaltkeramikfarben auf Nitrobasis, Blattgrün, Rot, Blau, Violett, Gold, Marmorierbecken, Holzstöckchen, Reiniger, Lappen, Wattestäbchen, Abdeckfolie, Synthetikpinsel

Decken Sie zunächst den Arbeitsplatz mit Zeitungspapier ab. Die Farben mit dem Holzstöckchen gut umrühren, auf die Wasseroberfläche des gefüllten Marmorierbeckens tropfen und verziehen.

Der Porzellandeckel hat einen inneren Rand. Legen Sie die Innenseite des Deckels auf die Fingerspitzen einer Hand und spreizen Sie sie so weit, dass der Deckelrand fest darauf sitzt und Sie die Außenseite leicht ins Wasser tauchen können, um sie zu marmorieren.
Tauchen Sie den Deckel nicht unter, die Farbe darf nicht nach innen „schwappen".

Anschließend den Deckel zum Trocknen auf die Folie legen und auf die noch feuchte Farbe mit dem Pinsel Goldfarbe auftropfen. Wählen Sie dazu Stellen aus, die zu dunkel geraten sind oder Farblücken aufweisen.

Während der Deckel trocknet, den Dosenkörper von außen mit Goldfarbe einstreichen. Entwickeln Sie dabei nicht den Ehrgeiz, die Fläche gleichmäßig zu färben. Da dies nur schwerlich gelingen kann, sollten Sie sich eher den Effekt der verlaufenden Farbe zunutze machen. Tragen sie die Farbe satt auf und lassen sie leicht verlaufen.
Ist der Deckel getrocknet, wird der innere Rand mit goldener Farbe übermalt, da sich dort Farbspuren durch herunterlaufende Farben gebildet haben. Farbspuren an der inneren Wand des Dosenkörpers werden mithilfe eines reinigergetränkten Wattestäbchens entfernt.

Weihnachtskugeln

■ Material
Kunststoffkugeln ⌀ 7 cm, 6 cm und 5 cm
Lackfarben Gelb, Rot, Dunkelrot, Dunkelgrün, Violett
Terpentinfarben Rot, Blau, Grün, Gelb
Tauchstäbe, Holzstöckchen, Reiniger, Lappen, Goldene Kugelkappen, Aufhängeösen, 1,2 m Goldfaden, Schere

Decken Sie als Erstes den Arbeitsplatz mit Zeitungspapier ab und stecken Sie die Kugeln auf Tauchstäbe. Die gewählten Farben mit den Holzstöckchen gut umrühren und auf die Wasseroberfläche des gefüllten Marmorierbeckens tropfen. Die Farben verziehen und die Kugeln tauchen. Beim Tauchen darauf achten, dass die Kugeln nicht zur Seite weggleiten.
Die Kugeln in ein Gefäß stellen und nach dem Trocknen mit Aufhängern versehen.

Tipp
Gefällt Ihnen die Marmorierung nicht, dann wischen Sie alles mit einem reinigergetränktem Lappen wieder ab und marmorieren auf ein Neues.

Kunststoffkugeln lassen sich auch mit Wasserfarben marmorieren, wenn diese vorher mit Wachslack grundiert werden (siehe große rot-grüne Kugel im Vordergrund). Nach der Marmorierung die Farben mit Wachslack schützen.

Achtung!
Umgang mit lösungsmittelhaltigen und leicht entzündlichen Flüssigkeiten:
● Vermeiden Sie den Hautkontakt und das Einatmen der Dämpfe über einen längeren Zeitraum.
● Sorgen Sie für ausreichende Belüftung des Arbeitsraumes. Essen, trinken und rauchen Sie nicht, wenn Sie mit diesen Flüssigkeiten arbeiten.

63

Impressum

Danksagung

Ich danke den Firmen Schmidt & Bleicher OHG Marburg (Seide) und Donacolor Vertrieb H. Otto Lohmar-Wahlscheid für ihre freundliche Unterstützung.
Ferner danke ich meiner Lektorin Claudia Huboi für die engagierte und vertrauensvolle Zusammenarbeit.

Bezugsquellen Wachslack auf Alkoholbasis und Alginat-Marmoriergrund:
Donacolor-Vertrieb
Alter Bahndamm 5
53797 Lohmar-Wahlscheid
Fax: 02206-84974

Die Freizeitwerkstatt
Marion Weber
Lepsiusstr. 30
12163 Berlin
Fax: 030-79016516
www.freizeitwerkstatt.de

Weiterführende Literatur:
Marion Weber: „Papierkunst in 3-D". Ravensburger Ratgeber im Urania Verlag, ISBN 3-332-01230-4.

Die Deutsche Bibliothek – CIP-Einheitsaufnahme
Ein Titeldatensatz für diese Publikation ist bei Der Deutschen Bibliothek erhältlich.
ISBN 3-332-01277-0

www.dornier-verlage.de
www.urania-ravensburger.de
1. Auflage August 2001
© 2001 Urania Verlag, Berlin
Der Urania Verlag ist ein Unternehmen der Verlagsgruppe Dornier.